AF405393

Joachim Rachel

Teutsche Satyrische Gedichte

e-artnow 2018

Miguel de Cervantes Saavedra
Don Quijote: Band 1 & 2

Vergil
Aeneis: Ein Klassiker der römischen Antike

John Henry Mackay
Bücher der namenlosen Liebe - Wer sind wir?

Hermann Löns
So dunkel ist die Ferne - Balladen & Lieder

Johann Wolfgang Goethe
West-östlicher Divan

August von Platen
Gedichte

Wilhelm Hauff
Hauffs schönste Gedichte

Joachim Ringelnatz
Gedichte dreier Jahre

Richard von Schaukal
Gesammelte Gedichte

Frank Wedekind
Wedekinds schönste Gedichte

Joachim Rachel

Teutsche Satyrische Gedichte

e-artnow, 2018
Kontakt: info@e-artnow.org

ISBN 978-80-273-1932-9

Inhaltsverzeichnis

Thomas Bartholinus

an den Auctor.

Da nobis saturas patriaque expungere penna

Naeuos perge meos. Publica tolle mala.

Et si pre salibus populi TIBI gratia desit:

Nos pro TE saturam scribere uelle puta.

Vorbericht.

Geehrter Leser!

Das Schicksal der Poeten ist manchesmal betrübt. Ihren Kindern geht es oft nicht zum besten. Insonderheit machen die Straf-Gedichte gemeiniglich Haß und Verfolgung. Diese Erbitterung ist so lange nothwendig, so lange die Wahrheit unverschuldet eine Mutter der Feindschaft und die Sünde ungerochen bleiben soll. Die Lauge beißt. Sie beißt so scharf, als es möglich ist. Wer kan alsdenn das Schreyen lassen? Die Patienten sind rar, welche alle Folgen ihrer Blindheit so geduldig ertragen können, so großmüthig Passeratius bey dem Verluste seiner Augen that. Gutherius würde ankommen, wenn er ihnen etwan eine verdächtige Lobrede halten wolte. Zenon zerbricht sich nur einen Finger und wird darüber so toll und rasend, daß er durch Strick und Hunger stirbt. Wie stürmisch muß der Wiederwille bey denen seyn, welchen das Messer so gar an die Kehle will?

Die Laster würgen ist eine Arbeit, welche da, wo sie wohnen, ausschweifende Empfindungen verursachet. Diese wiedrige Empfindungen unterdrücken die Liebe zu sich selbst. Briontes bekommt einen Schlag über den Kopf. O wie schäumt er! o wie knirscht er mit den Zähnen; ob ihm gleich das Gehirn durch solchen Luft-Streich gerade an den Ort versezt wird, wohin es gehöret. So ohnmächtig ist der Mensch sich selbst zu überwinden. Victoriosus und seine Mitverschwohrene lassen nie ein falsches Wort von sich hören, ausser wenn sie dollmetschen und lateinisch sprechen. Sie thun gantz stoisch dabey. Ein guter Freund kommt mit ihnen zusammen. Er merckt ihre schwere Sprache. Er sagt ihnen: Sie mögten doch nicht so verwegen seyn dem Livius, dem Curtius, dem Anacreon und dem Flaccus nach zu reden. Es würde ihnen am besten anstehen, wenn sie Bayerische Zeichen der Vorstellungen lieb gewinnen wolten. Kaum ist ein so guter Rath von dem Munde weg; so beweisen sie allesamt sehr nachdrücklich, daß sie noch Fleisch und Blut haben und wollen aus dem, der ihnen günstig ist, einen Faber machen, von welchem sich neulich das Gerücht ausgebreitet hat, daß er in Stücken zerrissen wäre. Gorgatinus, aus dem Geschlechte Suffenus, dichtet. Er macht Characteres und Helden-Lieder. Smetius Prosodie murret und Weinrichs Aerarium ist gar nicht mit ihm zufrieden. Schookius empfängt von dieser Conspiration Nachricht. Er wundert sich und vermuthet, Gorgatinus müsse entweder taub seyn, oder polnische Ohren haben. Er gedenckt es gut zu machen. Er will den armen bedrängten Sohn des Marsias gern in Sicherheit setzen. Daher sucht er zu beweisen, daß es eine Glückseligkeit sey gar nichts hören und ein ungemeiner Vorzug bleibe ausländische Ohren am Kopfe zu tragen. O Himmel! wie ungeberdig stellt sich der gute Gorgatinus. Schoockius soll satirisirt haben und er schwöret, daß entweder dieser falsche Partisan des Todes seyn müsse, oder er selbst wolle den Weg alles Fleisches an eben dem hizigen Fieber gehen, von welchem der Calender-Schreiber Patridge den 29ten Merz, im Jahr 1708. des Nachts um 11. Uhr aus dem Lande der Lebendigen gerissen ist. So gehts. So macht man sich wieder sein eigenes Wohlseyn zu einer ehernen Mauer.

Wahrhaftig ein Sitten-Strafer seyn ist ein gefährliches Amt. Oft wird es einem, ehe man es gedacht, wieder gelegt und nicht selten macht man die Präsidenten in diesen Raths-Stuben zu peinlich Beklagten. Was sie strafen, dessen werden sie selbst angeschuldiget. Lucilius zieht den Degen. Wie er findet, so will er richten. Man aber verdammt ihn. Juvenalis muß seine trockene und vom Zorn entbrannte Leber samt seinen 80. Jahren nach Aegypten schleppen, weil er über den poßirlichen Paris ergehen lassen, was Rechtens war. Den Boileau reizt ein feuriger Trieb sich zu zeigen. Er zeiget sich und kommt mit Satyren auf die Welt. Wie aber gehts ihm? Der iunge Persius that wol, daß er starb, ehe er 30. Jahr alt ward. Sein muthwilliges Gelächter möchte ihm sonst seinen Richterstuhl endlich umgeschmissen haben. Und wer kennt nicht den Petronius? Warum heist der brave Mann auctor purissimae impuritatis, arbiter nequitiarum? Seine Verurtheilte haben ihm solchen Namen gegeben. Günther muß sein Schicksal noch in dem Reiche der Todten beseufzen. Denn seine stachlichte Schriften martern ihn, wie Herr Siebrand, immer hin. Caniz hat das seinige auch erfahren. Mit dem kühnen Hagedorn und Breitinger will ich mir das Trinck-Geld so wenig theilen, als mit Bodmern, oder dem Nachahmer des Schwifts, dem dreisten Lisko.

Was düncket dir nun, geliebter Leser? Muß nicht Rachel sehr sorgloß gewesen seyn, als er eine so schädliche Profeßion unternahm? Solten die Herausgeber seiner Blätter nicht eine unverschämte Stirn haben, da sie sich eines fremden Unrechts mit aller Lust theilhaftig zu machen scheinen? Allein laß dich nicht irren. Liß nur in einer gesezten Ruhe diese Poesien durch. Hernach fälle einen Spruch darüber, wie du wilst. Lache mit Vergnügen, oder sperre das Maul weit auf. Eins von beyden wirst du gewiß thun. Denn alle dieienigen, welche diese Reime vorher angesehen haben, thaten desgleichen. Du kanst zu einer Parthey übergehen, zu welcher dirs beliebt. Rachel macht sich nichts daraus. Ich auch nicht. Doch muß ich dir so viel teutsch heraus sagen, daß wir die Seele, welche in diesen Bogen eine erbauende Ergötzung findet, für weise, ihre entrüstete Verächter aber für Narren halten. Ich gönne dir dein Bestes und will dir, um dein Herz vielleicht unvermerckt zu einer billigen Sanftmuth vor zu bereiten, von unserm Schriftsteller und seiner Sache nur noch einigen Bericht ertheilen.

Er heist Joachim Rachel. Lunden ist der Ort, wo er zur Welt gebohren wurde. So viel kan ich versichern, daß ich mich, wenn er Londinensis genennet wird, noch niemals mit ienem Stümper gewundert habe, wie ein Engelländer Sitten-Gedichte in unserer Mutter-Sprache habe ausgehen lassen. Das aber gestehe ich gerne, daß ich es für einen Fehler halte, wenn das Lunden, so uns den lehrreichen Dichter gebracht hat, die Haupt-Stadt in Schonen seyn soll. Die Gelehrten- und Universal-Lexica wollen es zwar sagen. Neumeisters dissertation de poetis germanicis hat es nicht anders vorgeschrieben. Allein ich bin immer der Meynung, daß wir unser Lunden in Ditmarschen zu suchen haben. Hat man denn des armen Mannes Schluß des Schreibens an den freundwilligen Leser seiner Verse nicht besser erhören mögen? Er bittet ia dienstfreundlich, daß man, wenn ein Ditmarscher mit untergelaufen wäre, den guten Kerl als einen redlichen Landsmann paßiren lassen wolle. Rachel wuste am besten, wo er her war und hatte den Gottorpischen Rath und bekanten Rechtsgelehrten zum Bruder. Zu Norden in Ost-Frießland war er Rector. Sein Amt verwaltete er dergestalt, daß er nicht durch einen dicken Bauch und eine räuspernde Stimme eine Schul-Maiestät, sondern in nüzlichem Fleisse eine Ehre unserer Dicht-Kunst, eine Zierde des 17ten Jahr-Hunderts zu werden bemühet war. Die Beweise seiner eifrigen Wissenschaft sind vorhanden.

Wir haben von ihm einen christlichen Glaubens-Unterricht, oder ein Gespräch zwischen Vater und Sohn, so mehrentheils aus dem Lateinischen des Hugo Grotius übersezt und zu Pirna in 12. wieder nachgedruckt ist.

Ich erinnere mich auch einiger Blätter von einem Joachim Rachel, welche mit dem Titel: Bedencken von denen in diesen Landen neu-erfundenen Kappuzen heraus gekommen und durch einen Ferdinand Boldershusius beantwortet sind. Weil ich aber dieselben izt nicht in meiner Gewalt habe; so kan ich sie unserm Dichter nicht mit Gewißheit beylegen. Denn ich weiß wol, daß er seinen Namen nicht ganz allein geführet habe.

Zur Satyre war er gebohren. Er ließ es sich nicht verbiethen, die Wahrheit sowol im teutschen als im lateinischen lachend zu sagen. In unserer reinen hohen Sprache war er der erste, der diese Schreib-Art wagte. Er wagte sie so glücklich, daß der grosse Morhof ihn deswegen preiset, und Teutschland zum Danck gegen ihn verpflichtet, daß es auch in diesem Stücke nicht nöthig hat den Ausländern den Vorzug zu gönnen.

Auf römisch machte er es wie Varro, Seneca, Lipsius und Cunäus. Es gefiel ihm der Thorheit nach des Cynischen Menippus Manier den Text zu lesen. Er schrieb Panegyrin Menippeam ad rationes Apophoretorum Martialis institutam. Sie erschien zu Kiel in 12. An. 1669. und der angeführte Polyhistor erwehnet ihrer mit aller Hochachtung.

Jedoch, es wird Zeit seyn nun auch von den gegenwärtig vor Augen liegenden Tugend-Regeln etwas weniges anzuzeigen. Ich habe biß hieher sechs Auflagen davon kennen lernen.

Die erste geschahe 1664. zu Franckfurt bey Aegidius Vogel in 12. Hier trift man nur die ersten sechs Proben unseres muntern Geistes an. Sonst stehet man bey derselben zugleich, ausser der Ansprache an den Leser, die allen Ausgaben vorgesezt ist, nicht nur des Auctors auch dismal beygefügte Zuschrift an den edelmüthigen Tscherning, sondern auch die dem Rachel zum Ruhm eingegebene Glückwünschungs-Briefe von Vitus Biering, Adam Friedrich Werner, Matthias Johansen, Anders Bording, Peter und Christian Ostenfeld, wie auch dem gleicher Massen belobten Dänischen Thomas Bartholinus.

Darauf erhielt man 1677. in 8. einen Abdruck, welcher mit dem Freunde und Poeten vermehret war und von Hr. Neumeistern in der gedachten Abhandlung, von Hr. Stollen aber in der Phil. Gelehr. Histor. genennet wird.

An. 1686. brachte Floridon Martin zu Londen eben diese 8. Stücke, dem Frauenzimmer zu Ehren, wieder in 12. zum Vorscheine.

An. 1707. gingen sie, wie No. 1354. in dem Cat. der Bibl. des Hrn. v. Plotho bezeuget, aufs neue von Bremen in 12. aus. Sie nahmen damals die vom Morhof so geachtete vier Scherz-Gedichte des Laurenbergs und etliche neu heraus gekommene Nieder-Sächsische Verse, sammt einer Jungfern-Anatomie und einem Jungfern- und Weiber-Lobe mit sich an die Sonne.

Dis alles ist auch zu Freyburg im Hopfen-Sacke, vor die Liebhaber der edlen Poesie, erstlich zum vierten und hernach zum fünftenmale wieder gebohren worden.

Ich muß, was diese lezten Ausgaben anlanget, folgende Anmerckungen machen.

Zum ersten. In dem Hopfen-Sacke zu Freyburg müssen die gelehrten Zeitungs-Träger zuweilen sehr unordentlich seyn. Denn was soll das zum vierten und fünften mal aufgelegt vorstellen?

Zum andern. Wenn der Editor Saccas seine Scherz-Gedichte von einem Hanß Wilmsen L. Rost herschreibt; so soll man ohne Irthum und Heucheley wissen, daß der Janus Wilhelm Laurenberg von Rostock in dieser Kriptographie gemeinet sey.

Zum dritten. Die sogenannte Zergliederung und der Preiß des schönen Geschlechts sind dem artigen und klugen Rachel so gut angedichtet, wie dem Cicero eine consolatio philosophica, oder dem Socrates einige übereilte Briefe. Wer die magern und schmuzigen Possen gelesen hat und meiner Versicherung keinen Glauben gibt, dem kan ich und mein Freund der Herr G. S. B. sie gewiß machen. Die vernünftigsten Kenner werden solches nicht verlangen, sondern damit zufrieden seyn, daß diese fremde Grillen izt weggelassen sind.

Acht Satyren bringt man hier. Künsteleyen und leeren Buchstaben-Prunck muß man in einer ieden so wenig erwarten, als Haller, der Ruhm der Schweizer, mit dergleichen Kleinigkeiten groß zu thun pflegt.

> Wolan! Es bleibt dabey, daß der kein Dichter ist,
> Der etwan sonder Müh die Sylben richtig mißt.

Feurige Kühnheit, wolangebrachte Sprüchwörter, rührenden Nachdruck, natürliche Schilderung kan man allenthalben antreffen. Fürnemlich vergnügt sich hier die Aufmercksamkeit an der Nachahmung der Alten, die gerade so richtig ist, wie sie Bernardinus Parthenius in seiner Imitatione poetica haben will. O daß man an der Pleisse das Imitatores servum pecus nicht auf die unrechte Weise scheuete! Man würde wahrhaftig dem Vaterlande nüzlicher werden.

> Nur römischer Stoff, nur griechische Stärcke
> Macht Ausdruck und Gedancken reich.

Rachel fodert beydes und ist ein Exempel der Möglichkeit von seinen Foderungen. Die bösen Sieben sind aus des Simonides Jambis, welche Stobäus aufbehalten, Buchananus übersezt, und der nicht schlechte neue lateinische Poet, Sebastian Schefer, in gewissen Choriambis zum Augenmercke gehabt hat. Wer in dem vortheiligen Mangel und in der guten Hauß-Mutter keinen Horaz und Persius und Naso erblickt, der ist blind. Wo seine Kinderzucht, sein Gebet, sein Gutes und Böses hergekommen sey, bekennt er selbst. In dem Freunde liegt Tullius, Plutarchus und manche andere Heimlichkeit der Vorwelt. Der Poet ist nach dem an die Pisonen

abgegangenen Befehle, so wie es Vida lehret, so wie alle vernünftige Meister teutscher Lieder
geboten haben.

Aber halt. Zu einem so kleinen Buche ist diese Vorrede schon zu lang. Du hast Recht, mein
Freund, der du das glaubst. Bestimme auch nur dem Verfasser eine Strafe. Sie kan ziemlich hart
seyn. Denn ich weiß es gewiß, daß er mit allem Vorsaze so weitläuftig gewesen ist. Doch hat
ihn die Liebe zu unserm Zuchtmeister in solchen Fehler gestürzt. Vielleicht mindert dis sein
Verbrechen. Wirst du also böse; so sey nur bald wieder gut. Laß wenigstens den unschuldigen
Rachel nichts entgelten. Widme ihm einige Stunden, weihe ihm etliche bedachtsame Blicke.
Wird doch Anna Owena, des Daphnis aus Cimbrien Galathee, des Homburgs Schimpf- und
Ernsthafte- und Augspurgers reisende-Clio durchgeblättert. Warum nicht auch dieser ehrliche
Mann? Er verdient gelesen zu werden. Der Hochbegabte Herr Prof. Gottsched sagt es. Liß ihn
und wenn du ans Ende kommst; so sprich:

Adposita intortos extendit regula mores!

Den 8ten Jenner.
1743.

Zuschrifft.

Dem Wol-Edlen, Gestreng-
und Vesten Herrn,
HERRN

Paulus Tscherning,

Ihro Königl. Majest. in Dennemarck,
Norwegen etc. etc.
Wolverdienten
Kriegs-Rath
und
General-Auditeuren,
Meinem Groß-geneigten Herrn, alle gewünschte
Leibes- und Seelen-Wolfahrt.

Wol-Edler, Gestreng- und Vester,
Insonders Großgeneigter Herr.

Je gefährlich es sey bey dieser itzigen Zeit etwas ans Licht zu geben, da die teutsche Poesie,
oder, daß ich behutsamlicher rede, die Tichter-Kunst zu ihrer höchsten Vollkommenheit gerathen und da es aller Orten so genausichtige Aristarchen gibt, kan leichtlich einer ermessen,
der da befindet, daß in seiner lincken Brust, wie Persius spricht, etwas lebendiges sich reget
und beweget. Was will denn mir widerfahren, der ich mich unterstanden, was vielleicht annoch
kein Teutscher in Hoch-Sächsischer gebundener Sprache, so viel mir wissend ist, versuchet
hat; Als nemlich Satyrische Gedichte zu schreiben? Ich zweifle nicht: Der Neider wird, seiner
löblichen Art und Tugend nach, dieses Büchlein nicht unangefochten lassen: Wie denn dieser
Art Schriften insonderheit das Glück haben. Denn eine Satyre ist ein solch Werck, welches
allerhand übliche und im Schwange gehende Laster, iedoch ohne Verletzung eines Menschen

Ehren, guten Namen und Leumut, durchziehet und mit lachendem Munde die dürre Wahrheit saget. Weiln aber bey vielen Menschen dergleichen Laster gefunden werden; so nimmt der Fürwitz und Neid leichtlich Ursache zu verleumden und zu sagen: Hie ist der und der gemeinet: Hie ist dieser, dort iener getroffen. Welches so es mir auch begegnen solt, wie ich denn muß vermuthen; so müste ich solches zwar leiden und gedulden, getröste mich aber in diesem Fall eines guten Gewissens und versichere alle Menschen, daß mir kein Schertz so lieb ist, daß ich dadurch einen guten Freund verlieren oder einen Feind mir machen wolte. Es möchte mir auch einer den Vers meines Satyrici für die Schene werffen:

> Loripedem rectus derideat, Aethiopem albus.
> Wer eines Mohren lacht, der muß nicht schwartz aussehen.
> Wer einen Lahmen straft, muß selber grade gehen.

Aber auf solche Weise müste kein Laster oder Ubelthat gestrafet werden. Denn welcher Mensch lebet ohne Gebrechen? Weiln aber niemand seiner eignen Fehler so wol gewahr wird, als ein ander; so kans nicht schaden, daß einer dem andern seiner Mängel erinnere, auf daß sie sich beyde bessern, welches zwar ich für ein Werck der allerbesten und getreusten Liebe halte. Solte aber ia die Verläumdung ihres Muthwillens gebrauchen; kan ich mich doch dafür nicht zu Tode fürchten, weiln ich der feindseligen Lästerungen böser und neidischer Leute nun etliche Jahre her so fast gewohnet bin, daß ich, wie ein edeler Spartaner wol einen guten Streich ausstehen kan, ja, wie man vom Strauß-Vogel saget, Eisen und Stahl verdeuen.

   Endlich, wenn mir noch so viel Verdrießlichkeit hieraus entstehen könte; achte ich doch alles geringe gegen der unverhoften Ehre, daß mein Großgeneigter Herr zu meinem geringen Wercklein so geneigtes Belieben und Gefallen getragen, daß er mich zur Verfertigung mehrer dergleichen unterschiedliche mal anfrischen lassen. Welches denn verursachet, daß ich gedachte Satyras nicht alleine dem Druck übergeben, sondern auch dieselbe meinem Großgeneigten Herren, als einem Grund-erfahrnen Kenner und Gönner solcher Arbeit, in tiefester Demuth und Gehorsam zugeschrieben: Mit unterdienstlicher hertzlicher Bitte, selbige geruhen diese recht Poetische, das ist, armselige Gabe, mit derselben Leutseligkeit aufzunehmen, welche mich vorlängsten schon meinem Großgeneigten Herrn zu allen möglichen Diensten verbunden und verursachet Dero unsterblichen Ruhm durch dieses Epigramma zu erheben und mit Verwunderung seiner allzu grossen Demuth zu sagen:

> So bin denn ich der Mann, der würdig wird geschätzet,
> Daß solch ein hoher Geist ihn von so ferne kennt.
> Daß den, nechst GOtt das Haupt der Dänen so gesetzet,
> Dennoch sich niederläst und meinen Freund sich nennt.

> Diß ist der Tugend Art. Wenn sich die Aehren neigen;
> So sieht man, daß sie voll und reich an Körnern seyn.
> Ein groß Gemüthe pflegt in Demuth sich zu zeigen.
> Durch Bücken wird kein Fürst noch Welt-Monarche klein,
> Wie Ihr, Wol-Edler Herr, ein täglich Muster schauet.
> Wer ist an Majestät dem Grossen Friedrich gleich,
> Der Euch ein solches Amt und Dienst hat anvertrauet?
> Und wer ist auch, wie Er, an tiefer Demuth reich?
> Wol dem, der solchem Herrn mag nah zur Seiten stehen,
> Genießen seiner Gnad und Königlichen Gunst,
> Der nicht auf hoch Geblüt und Adel pflegt zu sehen,
> Dafern er an ihm selbst hat weder Hertz noch Kunst,
> Der keinen Mann verschmäht, im Fall er Frucht kan schaffen,
> Der mit so milder Hand besondre Tugend ziert,
> Der Wissenschaft beliebt so wol als Wehr und Waffen,

Der über List, Gewalt und Neider triumphirt,
Der Euch, mein Herr, so hoch nach Würden izt erhebet,
Daß ihr der Tugend Frucht so reichlich sammlet ein,
Daß ihr in solchem Stand und grossem Ansehn lebet,
Daß ihr könt Maro selbst und auch Mecaenas seyn.

Meines Großgeneigten Herrn
Kriegs-Raths

Norden in Ostfrießland,
    3. Jan. 1664.

    Joachimus Rachelius,
      Londinensis.

An den Leser.

Freundwilliger Leser. Demselben kan ich nicht verhalten, daß die vierte Satyre aus der vierzehenden Juvenalis, die fünfte aber aus der vierten (oder zweyten) Persii übersetzet, doch mit solcher Freyheit, daß ich sie wol zum Theil mag meine nennen; insonderheit die sechste und lezte, welche aus der zehenden Juvenalis ihren Ursprung hat und sonst fast wenig mehr. Denn ich hielte dafür, daß man keine Exempel der Thorheit von Römern und Griechen dörfte entlehnen; weilen solcher Waare bey uns kein Mangel gespühret wird. Die drey ersten Satyren sind vor diesem Hochzeit-Gedichte gewesen, weilen aber der Inhalt fast Satyrisch war; hab ich ihnen, wie Jean Potage seinem Hute, können geben welche Form ich wolte. Auch muß ich zugleich erinnern, daß ich zwey oder drey lateinische, vielleicht auch so viel französische Wörter mit eingeschoben, nicht unwissend, daß solches in teutschen Gedichten kein geringer Solöcismus ist. Habe es aber mit Fleisse gethan, nicht mich sehen zu lassen, denn es wäre eine elende Hofart, sondern vielmehr deren zu spotten, die sich mit solcher Weise ferner thun: Wie auch die lateinische Poeten derer gespottet haben, die halb Lateinisch und halb Griechisch wolten reden. An einem oder anderm Ort aber hat es die Materie, gleich wie itzunder, und die Noth erfordert. Solte aber sonst ein Ditmarscher mit unterlauffen; bitte ich dienst-freundlich, man wolle den guten Kerl, als einen redlichen Landsmann, paßiren lassen. Bin solches iederzeit zu verschulden willig und erbötig.

Erste Satyre
Das Poetische Frauenzimmer oder Böse Sieben.

Ich habe meinen Fuß auf Pindus nie gesetzet,
Noch auf Parnas geträumt, noch meinen Mund genetzet
In Aganippen Strom. Ich habe nie den Tantz
Der Musen angeschaut, noch irgend einen Krantz
Durch eines Pfaltzers Gunst zu tragen mich beflissen,
Noch Dafne zu gefalln die Nägel abgebissen:
Und dennoch darf ich mich, trutz Momus, unterstehen,
Die vorgemachte Bahn dem Opitz nachzugehen,
Wiewohl bey weitem nach; Ob Theon gleich sich brüstet,
Ob sich zum Teutschen-Krieg ein neuer Maro rüstet,
Mit Stiefeln und mit Sporn, und fleuget Berg hinan,
Wie weder Pegasus noch Cillar hat gethan.
Wie? kan ich auch nicht wol die Vers in Reimen bringen,
Und in gewisse Zahl die Teutschen Wörter zwingen,
Als etwan Carpus thut? Das gilt ihm oder mir
Zwo Kannen Reinschen Weins und noch ein Viertel Bier.

Was fang ich aber an? Ich lasse ienen sagen
Von Kriegen, Mord und Blut, und tausend Türcken schlagen,
Der sechsgebeinten Art. Mir will kein Würgen ein.
Mein Liedlein soll von nichts als nur von Weibern seyn.
Weg Schwermuth, Ernst und Neid. Und wer nicht mit will lachen,
Der laß ein saur Gesicht in einem Hechel machen.
Das Spiel, das gut Gelach, das Bier, der klare Wein,
Die lieben Lustigkeit und hassen traurig seyn.
Da wie die erste Welt im Wasser war ertruncken,

Zur Zeit Deukalions, als Atlas war versuncken
In Thetis tiefen Schoß, gedachte Jupiter,
Wie dieser Schaden doch zu wiederbringen wär,
Insonderheit der Mensch. Er schuf aus edlen Samen,
Davon die Sternen selbst den reinen Ursprung nahmen,
Das wehrte Manns-Geschlecht, hernach der Weiber-Schaar,
Die nicht den Männern gleich von einer Ankunft war.
Die Erste war von Koth und fauler Erd erschaffen.

Ich wünsche daß mein Feind erwehle beyzuschlafen
Bey solch verworfnen Thier. Sie kennt nicht weiß noch schwartz.
Nimmt Senf für Hirsen-Grütz, und kocht für Butter Hartz.
Sie siehet Eßigsaur. Spricht nie, als nur zuweilen.
Wenn Galle, Gift und Zorn die Leber übereilen;
So murrt sie bey sich selbst, als wie ein Hund sich stellt,
Wenn er ein Rind-Gedärm mit beyden Pfoten hält,
Und schrecket seinen Gast mit Schielen und mit Blecken.
Also thut dieses Weib. Sie bleibt im Winckel stecken,
Ist keinen Freunden hold, sucht stetig Einsamkeit,
Der Faulen Paradieß, der Unmuth höchste Freud.

Ihr bestes Tagwerck ist die Ofenbanck zu messen,
Und eins von zweyen thun, als schlafen oder fressen.
Und wo der Norden-Wind ein wenig kühle fährt;
Stöst sie die Töpfen um, und setzt sich an den Heerd.

Die Ander, ist mir recht, ward von der Sau genommen,
O Elend ist der Mann, der solches Kreutz bekommen!
Der Leib ist kurtz und dick, die Lippen aufgestutzt.
Das Haar ist ungekämt. Die Nas ist ungeputzt.
Die Brust und Hände sind mit Koth und Schweiß geschmincket,
Daß sie von fernen her nach ihrer Farbe stincket;
Noch wäschet sie sich nicht, als etwan übers Jahr,
Wenn sie geliegen muß und nunmehr die Gefahr
Und Last hat abgethan. So ist auch Haub und Kragen,
Der Schleier und das Hembd, das sie, für vierzehn Tagen,
Halb rein hat angelegt. Der Rock hat einen Saum,
Von hinten Finger dick, von fornen beugt er kaum.
Schau jenen Haufen an, vom Saustall ausgeführet,
So ist ihr gantzes Hauß. Die leichte Spinne zieret
Die Fenster um und um. Sie henget an die Wand
Ihr zartes Meister-Stück, Minerven wie zu Schand.
Ist es denn Essens-Zeit: Magd, spricht sie, such die Teller
Dort unterm Tisch hervor. Sieh zu, ob in dem Keller
Noch Bier vorhanden ist. Das Tischtuch lieget dort.
Doch zieh das Kind erst an. Huy Schleppsack, geh doch fort.
Die Windlein sind fein voll. Ruf meinem Mann zum Essen.
Setz mir die Milch zum Feur. Was hätt ich schier vergessen?
Gib dort den Kohl-Topf her. Wie? treuget mich der Sinn?
Ach weh mir! eine Mauß liegt warlich todt darinn.
Doch ist es nur versehn. Wer weiß es, was ich finde?
Beliebt es keinem Gast, so dient es dem Gesinde.
Was deucht dich, mein Gesell, wie könte wol ein Schwein,
Von einer Sau gebohrn, der Mutter gleicher seyn?
Die Dritte folgends ist von einem Fuchs entsprossen.

Und der hat die Natur viel Böses eingegossen.
Jedoch viel Gutes auch. Sag mir, was sie nicht weiß,
Was sie nicht hat erfahrn. Du Thales, gib den Preiß

Den langen Schürtzen hin, darinnen liegt verborgen
Witz, Klugheit und Verstand. Sie weissagt, wenn zu Morgen
Der Specht die Tannen hackt, und wenn ein einigs Ey
zwey Dotter hat, weiß sie, was ihre Deutung sey.
Was guts die Aelster bringt, warum sich Murmer lecket,
Warum die Eule ruft, warum die Magd sich strecket,
Warum die Henne kräht. Sie weiß noch mehr als wol,
Ob jene, die da liegt des Lagers sterben sol,
Und was für eine denn der Mann wird wieder freyen;
Ob auch in diesem Herbst der Flachs wird wol gedeyen.
Sie weiß des dritten Tags nach einer Hochzeit schon,

Ob tragen Gesche wird ein Mägdlein oder Sohn.
Sie weiß ein ieglich Wort dem Pfarr-Herrn nachzurichten,
Jedoch nicht ohne Schimpf, was Mährlein und Geschichten,
Was GOttes Wort gewest. Wird irgend was gedacht,
Und strafbar aufgerückt, sie hat den Mann gemacht.
Sag ein Geheimniß her aus Parazelsens Büchern,
Das nicht zu finden sey in diesen klugen Tüchern.
Sie weiß was Kotian, Alraun und Hockeley,
Was Stein und Phthisikus, Clystier und Pillen sey.
Und nicht nur diß allein. Sie weiß mit tausend Fünden,
Dir Breithut, was sie will, mit Listen aufzubinden.
Dann spricht sie Honigsüß, bald wendet sie den Muth
Und fährt dich schnaubend an, bald ist sie wieder gut.
Daß ist die Dritte nun. Die Vierte war vom Hunde,

Und hält auch seine Weis, annoch auf diese Stunde.
Zuweilen schmeichelt sie, doch ist es bald gethan,
Daß sie den Schifer kriegt, so greinet sie dich an.
Und wie ein frisches Wind das Spur der schlauen Hinden
Durch Berge, Busch und Thal, mit riechen weiß zu finden:
So macht es eben sie. Durchsucht den gantzen Tag
Kirch, Kloster, Krug und Krahm, nur daß sie wissen mag,
Was irgend neues ist. Sie gehet auf und nieder,
Die eine Straß hinauf, die ander kommt sie wieder,

Durchsucht ein ieglich Hauß ob was zu tadlen sey.
Da macht sie denn aus nichts ein grosses Stadt-Geschrey.
Da weiß sie was der Schmidt, was Koch und Küster machet:
Wie Hanß die Fraue schlägt: Wie Kuntz der Magd zulachet:
Wie Elfchen hat gekocht: Wie Jäkel hat gefreyt,
Und einen Korb gekriegt: Wie Lieschen vor der Zeit
Bald wird was gutes thun. Was Mettken hat für Kleider,
Die alles schuldig ist dem Kaufmann und dem Schneider:
Wie die und die geberdt. Es ist kein Weib noch Mann,
An welchem sie nicht was zu tadlen finden kan.
Kein Mensch ist ihr gerecht. Kein Nachbar ist ihr eben.
Auch nicht der Mann zuletzt. Gedenckt doch, was für Leben
Ein solcher führen muß. Neid, Hader, Zwist und Zanck,
Das ist sein täglich Brodt. Und wenn er gleich durch Zwang
Sie unterbringen will, sie läst sich doch nicht schrecken.
Gebrauche Fingerkraut, Faust, Peitschen, Prügel, Stecken.
Es ist mit nichts gethan. Wirf sie zu Boden hin.
Zerschlag sie Wollen-weich, so bleibet doch der Sinn
Staal-Stein- und Eisenhart. Sie giebet Flucht. Muß fluchen.
Sie wechselt Wort um Wort. Du magst es auch versuchen
Mit Friede, Lieb und Gunst. Sprich sie gar freundlich an.
Kein Tyger ist so wild, das man nicht zähmen kan
Mit steter Freundlichkeit. Umpfange sie zu küssen.
Heiß sie dein liebstes Hertz, auch wieder dein Gewissen.
Sie wirft dir wiederum, nach angeborner Art,
Die Nägel ins Gesicht, die Finger in den Bart.
Wirst du denn irgend wo mit deinen Freunden zechen,

Sie wird nicht ferne seyn und dir den Segen sprechen
Zwo guter Stunden lang: Nun Schwelger, nun wolauf!
Bekömmt es dir auch wol? sauf, Schelm, sauf, Bettler, sauf,
Und morgen such das Thor. Verschwende deinen Kindern
Und mir und dir zugleich die Kleider von dem Hindern.

Ich Arme bin bemüht und fresse schimlich Brodt.
Du Hahnrey sauffest nur und weist von keiner Noth.
Juchschreyer, Schneideluft, Trotz-Märtel, Windverkaufer,
Weingurgel, Suchebier, zwey-drey-vier-Pegelsauffer,
Durchfresser, Pfeiffenheld, Toback-Rauch-Speichel-Maul,
Bey allen Zechen frisch, zu aller Arbeit faul.
O bittere Gedult, die dieser Mann muß tragen.
Ein solcher wird ein Spott und Sprichwort in Gelagen,
Ein Schimpf der gantzen Stadt. Heist, doch nur halb mit Recht,
Rotzlöffel, Windelvogt, Zuschnürer, Küchenknecht.
Die Fünfte kommt vom Meer und ihren stoltzen Wellen,

Und weiß in allem sich der Mutter gleich zu stellen.
Itzt ist sie wundergut, ergetzet ihren Mann
Mit Schertz und Lieblichkeit, so viel sie immer kan.
Mein Schatz, mein Augentrost, spricht sie, mein süsses Leben,
Mein einig Auffenthalt. Gleich wie die edle Reben
Sich nach den Ulmen thun, so lencket sich mein Sinn,
O auserwehltes Hertz, nach euren Augen hin.
Du edles Kleinod du, daran ich mich ergetze,
Und über alles Gut mich reich und selig schätze,
Wirf du mir um den Hals den süssen Armenband;
So bin ich ausgeziert mit Gold und Diamant.
Hie nimmt der arme Jost solch Honigsüsses Streichen
Für gute Gülden an. Er schwert, daß ihres gleichen
Auf Erden nie gebohrn. Er gehet Hauß bey Hauß,
Lobt seiner Frauen Thun, streicht ihre Tugend aus.
Bald um ein Augenblick so ist kein Thier noch Teuffel
Der also wüten kan. Der Mann steht selbst im Zweiffel
Ob sie bey Sinnen sey. Sie schreit, sie tobt, sie schnaubt
Als wie ein Panther-Thier, das seiner Frucht beraubt,
Mit Grimm den Jäger sucht. Und gibst du denn dich schuldig,
Und läst sie Meister seyn; so sey hinfort geduldig

Und zieh die Hosen aus, und leg den Schleyer an,
Gleich wie Alzides that, o lieber Hornemann.
Sie wird dich meisterlich nach ihrem Willen reiten,
Den Zaum bald an sich ziehn, bald wieder lassen gleiten,
Wies ihr am besten deucht. Itzunder wird sie dich
Gleich hertzen mit der Hand, bald einen Sporenstich
In deine Seiten thun, daß dir für Weh und Schmertzen
Die Augen übergehn, bald wird sie wieder schertzen.
Glück, Bretspiel, Weiber-Gunst, Rauch, Mond-und Sonnen-Schein,
Mag alles überlang nicht wol beständig seyn.
Bist du zur See gewest, wann sie kein Wind beweget,

Wenn durch die stille Luft die Fluth sich nährlich reget?
Hast du nicht angesehn, wie Nereus an den Saum
Des grünen Ufers wirft den Silberweissen Schaum?
Wenn Phoebus freundlich scheint und auf die Fluth hinstrahlet
Und sieht sein güldnes Haupt noch eins so krauß gemahlet
In Amphitriten Glaß? Hast du nicht acht gethan,
Wie Thetis denn sich stelt, und wie sie schmeicheln kan?
Bald aber quillt sie auf, erhebt die stoltze Wellen,
Beginnet durch den Sturm, biß in die Luft zu schwellen,
Beut allen Sternen Trutz, und brauset mit Gewalt
Auf hohe Klippen zu, wird grün und ungestalt.
Wol dem und mehr als wol, der nie sein armes Leben
Der ungetreuen Treu der See hat übergeben!
Neptun ist Sinnenloß. Er wirffet in die Luft
Das schwache fichten Hauß, bald wieder in die Gruft
Wo Radamantus wohnt: wil kein Erbarmen haben,
Erhöret kein Gebet, verschmähet alle Gaben,
Nimmt keine Thränen an, verdirbet Gut und Leib.
So sag ich, thut das Meer. So thut auch dieses Weib.
Wer einmal auf das Meer sich hat zur See begeben,
Der danckt der Freyheit ab, muß nur in Hofnung schweben,

In Hofnung und in Furcht: fährt oftmals mit Verdruß,
Nicht wie er gerne wil, besondern wie er muß.
So ist ein Ehmann auch. Jedoch vor allen Dingen,
Wenn er sich reich befreit. Der muß wol lernen singen,
Wie diese tantzen will. Die Hosen und der Hut,
Die Herrschaft ist vertauscht um Geld und Heyraths-Gut.
O du verfluchtes Gut, das alles Gut zu hindern
Und abzuschaffen pflegt, das Männer macht zu Kindern,
Du Feindin der Vernunft, du aller Sinnen Todt,
Du aller Jugend-Pest, du Ursach aller Noth!
Stell eine Jungfrau dar von vier und achtzig Jahren.
Sie sey von Leibe schwartz, halb kahl, halb grau von Haaren,
Ehr- Zucht- und Sinnenloß, lahm, hockrich, eingesprengt
Als wie ein bunter Molch: Ist sie nur wol behengt
Mit Sammt und güldnen Tuch, mit Gold und edlen Steinen;
So mag die Sonne nicht so hell und lieblich scheinen,
Als diese Blinde steht. Das bleiche Froschen-Maul
Wird Purpur ähnlich seyn. Ist sie gleich Esels faul;
So wird sich doch ein Narr für gute Gülden finden,
Der sie vergleichen wird der allerschnellsten Hinden.
Ist gleich das Brust-Gewehr verfallen auf den Grund;
So schweret iener doch, es sey gantz Apffel-rund.
Bey ihrer Stimme mag kein Nachtigal sich gleichen.
Arion mag ihr nicht das blosse Wasser reichen.
Sie gehet Orpheus vor mit aller seiner Kunst.
Sie überstimmet wol die Katzen in der Brunst.
O auserwehltes Thier! Wer deiner drey möcht haben.
Der Zierrath wäre mein. Das ander für die Raben.
Viel lieber nehm ich dich, Melissa, nackend an,
Du hast genug für den, der räthlich leben kan.

Was sol mir Honigseim vermengt mit Gift und Gallen?
Wie kan mir Geld und Gut und gülden Tuch gefallen
Mit Dienstbarkeit verbrämt? Ich will der Ketten nicht,
Die meine Freyheit würgt und mir die Gurgel bricht,

Und wär es doppelt Geld. Was acht ich viel Ducaten,
Darüber ich nicht mag nach meinem Willen rathen?
Das Weib zehlt aus und ein. Sie kauffet Fleisch und Fisch,
Versorget Hauß und Heerd, den Keller und den Tisch.
Der Mann steht wie ein Klotz mit aufgespertem Rachen,
Gleich wie ein Ofenloch, und läst die Fraue machen,
Ist keines Schillings Herr, hat kaum zu hoher Noth
Den abgemessnen Trunck, die Kleider und das Brodt.
Dafür erzeigt er sich wie ein getreuer Diener.
Er spult den Wocken ab. Hohlt Gersten. Speist die Hühner.
Setzt Gänse. Melckt die Küh. Laust Hänsgen seinen Grind.
Hält seiner Ammens Licht. Wiegt seiner Frauen Kind.
Geh nun! und nimm ein Weib um ihres Reichthums willen.
Sie wird dir deine Lust in wenig Tagen stillen.
O Tugend, edler Schatz! wer dich in Ehren halt,
Dem fehlet nimmer Brodt, der ist nicht ohne Geld.
Die Sechste nach der Zahl ist von der Ganß entsprungen,

Und derer Treflichkeit bestehet in der Zungen.
Weicht, ihr Juristen, weicht, die ihr geübet seyd
In Wort und Wieder-Wort, in Zanck und Zungen-Streit.
Weg Redner und Sophist, Bartscheerer, Segensprecher,
Zigeuner, Gauckeler, Giftschmierer, Zähnebrecher.
Dis Weib geht allen vor. Ihr mangelt nie kein Wort.
Und eh sie sich bedenckt gehn funfzig Lügen fort
Und funfzig noch dazu. Wenn eine Mücke sauset;
So spricht sie, daß der Wind von Nord und Osten brauset.
Und trift sie eine dann, die Unglück haben sol,
Der ladet sie geschwind den gantzen Rücken voll.
Glück zu Gevatterin! Ich will euch Wunder sagen.
Kennt ihr Hanß Pfeffer nicht, dort bey dem blauen Wagen?
Nicht weit von Peter Filtz? Er sauft sich gerne voll.
Der hat der Magd ein Kind! Das ander wüst ihr wohl.
Ey Anchen steht doch still. Ich will euch mehr vertrauen,
Was sich begeben hat mit Roberts seiner Frauen,

Die neulich Hochzeit hielt und izt geliegen will.
Die hat das Bette voll. Ey Anchen steht doch still.
Wie geht es Elschen nun? Wie ists mit ihren Augen!
Was macht doch euer Mann? Will der nicht wieder taugen?
Läst sichs nicht besser an? Ich weiß sehr guten Rath,
Den Trinche Wetterwisch mir mitgetheilet hat.
Ihr müst ein Stücklein Speck am Freytag Abend bitten,
Dasselbe theilet denn recht eben in der Mitten,
Und legts ihm Kreutz-weiß drauf, und sprechet denn geschwind:
Der Wind der beist den Fuchs, der Fuchs der beist den Wind.

Es hilft von Stunden an. Was wolt ich weiter sagen?
Daß ich nicht lügen mag. Wie steht euch dieser Kragen
So schön und artig an? Ist diß die neuste Tracht,
Die leztlich euer Mann aus Holland mitgebracht?
Glückselig ist das Weib, das solchen Mann gefunden!
Mein alter Dudendopf, hält mich fast gleich den Hunden.
Er achtet meiner nicht, wenn er den gantzen Tag
Mit Brandtwein und mit Bier, den Rachen füllen mag.
Das ist sein bestes Thun, bis wieder an den Morgen,
Gedenckt nicht, wie er will sein armes Weib versorgen.
Gar selten pflegt er mich. Jedoch, es ist zu viel.
Sie höret nimmer auf. Die Feder hat ihr Ziel.
Nach dieser kommt hervor das Weib von einem Pfauen,

Gebohren zu der Pracht, hochmüthig anzuschauen,
Dem Spinnen spinne feind. Ist dahin nur bedacht,
Daß sie für aller Welt die Schönste sey geacht.
Sie ist ansehnlich hoch, von prächtigen Geberden,
Gleich wie Andromache, als Hector von den Pferden
Noch nicht war umgeschleift: wie für der gantzen Schaar
Des Amazonen Volcks Pentesilea war.
Sie hat in allem Thun gantz sonderbare Sitten.
Sie zieht den Hals hervor. Sie hält in allen Tritten
Gewisse Maß und Zahl. Die Schultern, das Gesicht,
Das Hindertheil, der Bauch, hat alles sein Gewicht.

Der Mund ist Kirschenroht, die Liljen weisse Wangen
Mit Purpur angemahlt. Die stoltzen Augen prangen
Wie Venus schöner Stern den blauen Himmel ziert,
Wenn er zu Mitternacht den treuen Buhler führt
Biß an der Liebsten Hauß. Der Hals ist gantz umgeben
Mit seinem krausen Haar, als wie mit güldnen Reben.
Wozu noch dieses kommt, daß auch der Ketten Pracht
Die Marmor weisse Haut noch angenehmer macht.
Die Ohren, Stirn und Brust, die beyde Hände funckeln
Von Amethisten Glantz, Rubinen und Karbunckeln,
Von Gold und Diamant. Doch ist es sehr gemein,
Daß dort ein Böhmisch Baur auch will von Adel seyn.
In Kleider Neulichkeit darf niemand ihr sich gleichen.
Sie will daß jederman soll ihrer Hochheit weichen.
Was Teutschland neues hat, was Franckreich lezt erdacht,
Das ist zuerst für sie. Sie ändert ihre Tracht
Fast alle Monat-Zeit. Braucht Jedermann Peruquen;
So weiß sie Haupt und Haar mit Zobeln auszuschmücken,
Legt Flor und Schleyer zu. Wird dieses nachgethan;
So streut sie in den Wind den ausgekämten Mahn,
Gleich wie ein geiles Roß. Wird das gemeine wieder;
So trägt sie einen Hut mit buntem Straußgefieder.
Bald ist sie gantz verkappt. Bald zeiget sie mit Lust
Den aufgequollnen Schatz der offenbahren Brust.
Bald schnürt sie sich behend, und läst ein Höltzlein schnitzen,
Damit sie unvermerckt den schmalen Leib kan spitzen.

Itzt hat sie stumpfe Schu, bald kurtze Stiefel an.
Itzt einen langen Rock, bald Hosen wie ein Mann.
Was die Natur versäumt, wird durch die Kunst ersetzet.
Sie klebet ans Gesicht, wiewol es unverletzet,
Ein schwartzes Pflastermahl, damit der weisse Schein
Der Schnee-gleich-Wollen Haut mag offenbahrer seyn.
Und obgleich Venus selbst möcht ihrer Schönheit weichen;
Noch schämet sie sich nicht mit Farben anzustreichen.

Sie schmälert, gleicht und schwärtzt der Augen dünnes Har,
Die hohe Venusburg; braucht Kraft-Mehl, Eyerklar,
Zinnober, Perlenstaub, mit Bergroth eingerühret,
Senf, Spießglaß, Weinstein-Oel, das zarte Haut gebiehret,
Biß daß sie von ihr selbst das Urtheil endlich spricht:
Auf dieser gantzen Welt sey ihres gleichen nicht.
Ihr gantzes Thun ist nichts als nur mit Weiber-Wahren
Ein grosses Geld verthun, mit vier und sechsen fahren,
Dann auf die Hochzeit ziehn, dann zu Gevattern stehn,
Für allen seyn geehrt, für allen angesehn,
Für allen ausgeputzt. Wer dieses kan ertragen,
Der mag von hohem Glück und grosser Wollust sagen.
Ein ander komme durch so gut er immer kan.
Er fähret wie ein Printz, und reitet wie ein Mann.
Die Achte hat zuletzt den Ursprung von den Bienen.

O selig ist der Mann, dem solches Glück erschienen
Und ausersehen ist. Er hat die gantze Welt
Und was sich um und um in ihren Grentzen hält.
Sie ist zuweilen ernst, iedoch nicht stoltz von Hertzen.
Sie weiß zu guter Maß, und rechter Zeit zu schertzen.
Ist bräunlich, doch nicht schwartz, zart, doch kein wächsern Bild,
Anmuthig, doch nicht geil, hertzhaftig, doch nicht wild,
In Kleidern schön und rein, iedoch nicht gleich den Pfauen,
Mag ihre Nachbarin zur Banck nicht gerne hauen,
Thut wie der Liebste will, hält Freund und Gäste wohl,
Spendiret wenn sie kan, und sparet wenn sie soll.
Sie ehret ihren Herrn, und GOTT für allen Dingen,
Mag gern zur Kirchen gehn, dancksagen, beten, singen,
Vermeidet faul Geschwätz, die Pest der Erbarkeit,
Deckt ihres Nechsten Schand, erwecket keinen Streit.
Sie liebet Reinlichkeit, den Ausbund aller Gaben,
Und die insonderheit ein kluges Weib soll haben.
Hauß, Kammer, Tisch-Geschirr, von Silber oder Stein,
Muß alles ordentlich, muß alles sauber seyn.

Sie schont der Fäuste nicht, hilft ihrem Mann gewinnen,
Reitzt das Gesinde zu, hilft backen, brauen, spinnen,
Macht Butter, saltzet ein, reist einen guten Fisch,
Und schaft zu rechter Zeit was niedlichs auf den Tisch.
Geht irgendwo ihr Herr in traurigen Gedancken;
(Wie denn gemeinlich oft sich Muth und Unmuth zancken,

Wenns gleich nicht übel geht) Umfängt sie ihren Mann,
Hertzt ihn mit Hand und Mund, und spricht ihn freundlich an.
Wohlan ihr junges Volck, das zu dem süssen Lieben

Durch ein verborgnes Feur wird leichtlich angetrieben,
Da habt ihr zweymal vier. Es wehle wer da kan
Die beste von der Zahl, und sey ein Freyersmann.
Ich sage, wer da kan. Dann diß zu unterscheiden
Ist Jedermannes nicht. In einer weissen Kreiden
Liegt oft ein schwartzer Kieß. In schönen Marmelstein
Kan ein verfaultes Aaß gar wohl verborgen seyn.
Ja, sprichst du, was für Rath ist hier denn anzulegen?
Auf GOtt und auf das Glück steht aller Menschen Seegen.
GOTT will gebeten seyn. Das Glück will seyn gesucht
Mit Urtheil und Verstand, nicht auf die schnelle Flucht,
Wie Alba ward berühmt, in einem Spiel und Rennen.
Wer allzu gelings frißt, der pflegt das Maul zu brennen.
Doch muß man in der Wahl nicht gar zu sorglich seyn.
Ein unvermuthlich Glück trift auch nicht selten ein.
Man muß nicht gar zu scharf auf alle Laster sprechen.
Kein Korn ist sonder Speltz. Kein Mensch lebt ohn Gebrechen.
Es kan ein Fehler seyn vielleicht an Weib und Mann,
Der beyden Theilen auch zu Nutze dienen kan.
Hat dir das Glück dann gar den Rücken zugekehret,
Und von der ärgsten Art den besten Kern verehret;
Schweig lieber, bist du klug, und gläube fest dabey,
Daß deine Ganß ein Schwan, die Sau ein Bienlein sey.

Der vortheilige Mangel.

Gleich wie ein reifes Obst mit süß und saur vermenget,
So ist des Menschen Lust mit Bitterkeit gesprenget.
Wer gern den Honig klaubt, und schöne Rosen bricht,
Muß leiden daß der Dorn und daß die Biene sticht.
Und wie ein treflich Bild nicht nach dem Leben stehet,
Es sey denn durch die Kunst mit Schatten recht erhöhet;
So kan auch keine Lust noch Freud empfindlich seyn,
Sie sey denn nach der Maß gemildert durch die Pein.
Wie kan des Menschen Hertz doch grösser Lust empfinden,
Als Amors süsse Glut, wenn Hertzen sich verbinden
In zweyen eins zu seyn? Noch sieht man in der That,
Daß dieser Honigseim auch etwas Gallen hat.
Ich weiß es sollen mir der Wahrheit Beyfall geben,
Auch die nach ihrem Wunsch in Venus Reiche leben,
Daß ihre süsse Glut nicht wohl zu brennen pflegt,
Wo Neid, Gefahr und Furcht, nicht Stroh und Holtz zuträgt.
Man findet aber Volck, das keinem Guten trauet,
Das an den Rosen nichts als nur den Stachel schauet;
Ein Volck das auch verflucht der Sonnen helles Licht,
Im Fall sie etwas heiß den tollen Bregen sticht;
Ein unglückseligs Volck, daß man mit Freud und Lachen
Kan traurig und betrübt, mit Singen weinend machen.
Sagt Jemand: Last uns gehn spatzieren in den Wald,
Die Wohnung aller Zier, der Nymphen Auffenthalt.

Nein, spricht er, solche Lust will ich so theur nicht kauffen,
Ich kan mich matt und müd in meinem Hause lauffen.
Hörst du die Nachtigal? Wie lieblich schlägt sie an?
Was gilts ob unser Hahn nicht besser krähen kan.
So last uns lustig seyn, und nach dem Spielmann schicken:
Davor, spricht er, laß ich die Schuh und Stiefel flicken.
Man sage was man will, man hat es keinen Danck.
Er strecket alle vier hin auf die Luder-Banck.
Ein solcher Eßig-Krug ist Posidipp gewesen,
Der nichts aus aller Lust als Unlust hat gelesen.
Zu Leuten wolt er nicht: Es käme bald ein Streit:
Zu Hause wär er auch von Sorgen nicht befreyt:
Der Feld-Bau habe Müh: Dem Meer sey nicht zu trauen:
Durch den zerrissnen Hut und leeren Beutel schauen
Sey auch nur Bettelwerck: Nehm er ein Weib ins Hauß,
So stieß er Mannes-Recht und alle Freyheit aus.
Ich lobe Metrodor und seinen Sinn für allen.
Der läst ihm Bös und Gut, als wie es kommt, gefallen.
Ich darf wohl weiter gehn, und sagen das dabey,
Daß auch der Mangel selbst nicht ohne Vortheil sey.
Ich will mit keiner List noch Kunst die Fehler decken.
Kein Marmor ist so weiß, er hat wohl einen Flecken.
Wenn Cynthia sich zeigt in ihrem vollen Licht;

So ist ihr heller Kreyß ohn allem Dunckel nicht.
Die Schönheit, wo sie ist, kommt leident wohl zu passe.

Es liebe mich mein Feind, wofern ich Schönheit hasse.
Doch setze, daß ein Weib von Ansehn häßlich sey,
Obs gleich den Augen schmertzt, ist doch ein Glück dabey.
Es wird kein frembd Gesicht sich bald an sie vergaffen.
Sie mag in stiller Ruh auch ohne Hüter schlaffen.
Kein Paris stellt ihr nach, kein wütender Tarquin:
Ihr Menelaus mag getrost von Hause ziehn.
Berühmte Schönheit wird zwar ohne Schuld gefunden,
Doch ist sie mit Gefahr sehr viel und oft verbunden.

Um diese wafnet sich kein gantzes Griechen-Land.
Um ihrent willen geht kein Ilion in Brand.
Ist deine Liebste reich? Sie machet dich zum Grafen.

Aus einem kalten Sturm in so gewünschten Hafen
So plötzlich angeschifft; in einem Augenblick
So wohl gesegnet seyn, das ist ein seltsam Glück.
Ist sie denn arm genung, und du kanst sie berathen,
Wohl dir! Du hast es gut. Die Thaler und Ducaten
Sind nützlich angelegt. Dagegen ist die Braut
Mit allen Kleidern dein, und mit der gantzen Haut.
Wo Gut und Geld gebricht, da läst sich Demuth finden.
Du wirst sie dir zu Dienst gehorsamlich verbinden.
Der Reichthum achtet nicht, wie hoch man ihn verehrt.
Gib dieser nur ein Brodt, sie hält es Ehren wehrt.
Das Gut pflegt mannigmahl den stoltzen Muth zu schärffen,
Und oftmahls bitterlich dem Manne vorzuwerffen:
All was du hast ist mein: Durch mich bist du ein Mann.
Ich lobe die, so diß nicht sagen will, noch kan.
Die Fromme rühmt sich selbst, und das mit Stilleschweigen.

Sie läst von ihrem Thun die Tugend selber zeugen.
Wie aber, wenn sie scharf und beißig ist gesinnt?
Ach! solche Laugen heilt den allerargsten Grind.
Ich habe wohl gesehn, nicht ohne Furcht und Schwitzen,
Dem auf ein einig Wort Sturm, Hagel, Donner, Blitzen
Aus einem Munde fuhr. Wer ihn von fernen her
Nur überzwerg ansah, der bracht ihn ins Gewehr.
So bald die Venus ihn mit güldnen Liebes-Stricken
Nur angeschnüret hat: Er wuste sich zu bücken,
Er folgte wie ein Schaaf. Ich sprach: Ist das der Mann,
Der Niemand was verschwieg, und nun nicht sprechen kan?
Nicht, daß er furchtsam wär zu sehen seines gleichen:
Nicht, daß er seinem Feind ein Haarbreit solte weichen;
Nein, sondern wenn die Frau ein ernstes Wörtlein sprach:
Die Zunge war verlähmt, die Hände matt und schwach.

Als Fritz war unbeweibt: Er war von frischen Sinnen,
Er gieng nicht in den Krug, er wohnte gar darinnen.
Ein Gülden war ihm nichts, ein Thaler eben viel.
Es giengen zwantzig durch in einem Karten-Spiel.
Nicht lange Zeit darnach, durch Löflen und durch Naschen,
Verstrickte sich mein Fritz an einer neuen Taschen.
Der Kauf war bald gemacht. Es kam ein Weib ins Hauß.
Wein, Bier, Karnüffel, Trumpf, und Hunderteins war aus.
Kofent ward eingeschenckt. Fritz hatte weder Glauben,
Noch Geld im Beutel mehr. Der Kantzler mit der Hauben.
Nahm alles wohl in Acht. Doch gab sie insgemein
Ihm einen Kreutzer hin zum Morgen-Brandtewein.
Das alles gieng noch hin, möcht jemand wieder sprechen;

Nur eine Sorge will mir Haupt und Hertz zerbrechen.
Wie, wenn das schöne Bild Diana bey der Nacht
Den Mann zum Hirschenkopf wie den Akteon macht?
Was kan aus Aberglaub und Schwermuth nicht entstehen?
Wer hat doch einen Mann mit Hörnern je gesehen?
Nimmst du für Wahrheit an ein öffentlich Gedicht?
Was Naso zierlich leugt, das glaubt er selber nicht.
Warum läst du dir auch nicht auf die Ermel biegen,
Daß Götter Ochsen seyn, und daß die Pferde fliegen?
Es ist kein Hornemann in dieser gantzen Welt,
Als der sein keusches Weib für nebengängig hält;
Der alle Tritte zehlt, der kaum dem Weibe trauet,
Daß ihr ein alter Mann recht ins Gesichte schauet.
Wer selbst sein eigen Hauß bringt in ein böß Geschrey,
Ein solcher Narr ist wehrt, daß er ein Kuckuck sey.
Noch weiter findet sich ein unbefugtes Klagen,

Daß manche schleppisch geh, und kaum in vierzehn Tagen
Die Stuben einmal kehr, und daß sie heimlich nasch.
Und daß sie kaum im Jahr den schwarzen Fresser wasch.
Ist dieses alles wahr so must du auch gedencken:
Was sie nicht zierlich hält, das will sie nicht verschencken.

Die nur den gantzen Tag sich für dem Spiegel putzt
Und täglich Sonntag spielt, und allen Nachbarn trutzt,
Die sucht, ich weiß nicht was. Noch hat es mehr Gebrechen,
Darauf ein neidisch Maul sehr hönisch weiß zu sprechen.
Die Jungfrau hält sich wohl. Sie thut sich gnug herfür.
Sie sitzet wohl zu Tisch, steht gerne vor der Thür.
Dagegen mag sie nicht zum kalten Wasser greiffen,
Noch in der Küchen stehn, und einen Haasen streiffen:
Rührt keinen Töpfen an, kocht weder Grütz noch Kraut.
Der Greuel kommt ihr an, wenn sie ein Spinnrad schaut.
Wo schreibt Lykurgus dann und Moses mit den Stecken,

Daß eine Haußfrau nur soll Draat und Finger lecken?
Daß man ein ehrlich Weib soll binden an den Heert,
Da Asch und Eymer fleugt? Der Mann ist Scheltens wehrt.

Der seines Hauses Ehr wie eine Dienst-Magd schätzet
Und wiederum die Magd an statt der Frauen setzet.
Ein ehrlich Haußwirthin hat denn genug bestellt,
Wenn sie nur ihr Gesind in steter Arbeit hält.
Wie selig ist der Mann, der seinen Sinn kan lencken,

Wie es die Noth begehrt! Kein Unfall kan ihn kräncken.
Daß mancher greint und klagt und macht mit Ungeduld,
Ihm selbst das Leben saur; des hat er selber Schuld.
Wer nichtes widerlichs mag hören oder sehen,
Der mag bey guter Zeit hin zu den Vätern gehen.
So mächtig ist kein Fürst, so zart ist kein Tyrann.
Er muß, zum öftern sehn, was er nicht ändern kan.
Der Höchste, dessen Macht unendlich weit sich strecket,
Der Himmel, Erd und Meer mit Blitz und Donner schrecket.
Sieht oft als seh er nicht. Schreibt kaum nur drey für neun.
Die höchste Weißheit muß der Thorheit Vormund seyn.
Zuletzt erkenne doch den Schalck in deinem Leibe,
Und wie du dir verzeihst, verzeih auch deinem Weibe;
So hat der Krieg ein Loch, der Streit ist beygelegt.
Kein Messer oder Dolch ist, das sich feindlich regt.

Deucht aber dir, du seyst gantz ledig aller Sünden,
Kein Tadel sey an dir, kein Mangel nicht zu finden:
So thu von Niesewurtz nur einen guten Trunck.
Denn deiner Thorheit sind nicht sieben Weiber gnung.

Dritte Satyre
Die gewünschte Hauß-Mutter.

Wer mit dem ersten Spieß hat lang genung gerennet
Und endlich nun sich selbst und seine Thorheit kennet;
Wer viermal ungefehr erreichet sieben Jahr,
Der such ein eignes Nest, und nehme fleißig wahr,
Was seinem Bette dient. Die Philomela singet,
Wann uns der kühle Lentz die ersten Blumen bringet.
Sie lebt in Fröhlichkeit, fleugt lustig hin und her,
Als wann kein Vogel-Strick, noch Katz noch Spärber wär.
Wenn aber nun das Licht der Sonnen höher steiget,
Der Lentz gibt gute Nacht, und Ceres schon sich zeiget:
So ist der Frühlings-Tantz, die Lust, das Singen aus;
Sie trägt ein Sträuchlein zu, und baut ihr kleines Hauß.
Sie legt zu rechter Zeit. Sie decket ihre Jungen.
Sie speist und nehret sie. Da wird nicht mehr gesungen.
Kein Wind noch Seiten-Spiel, kein süsser Lauten-Klang
Erweckt das erste Lied, der Jugend Lust-Gesang.
So hat ein jeglichs Ding gewisse Zeit und Sitten.
Die Jugend gehet frey mit unbedachten Schritten
Wohin die Lust sie treibt, und weil die Raserey
Den Alten war gemein, so stehts den Jungen frey,

Wie mancher schiessen will, der mit der Leimen-Stangen,
Wo nicht anitzo geht, doch vormahls ist gegangen.
Tritt aber mit der Zeit das männlich Alter an;
So muß der Kälber-Tantz seyn gäntzlich abgethan,
Wozu nichts besser dient, als klüglich umgeschauet
Nach ein vernünftig Weib, sein eigen Hauß gebauet,
Den eignen Heert versorgt. Wenn solches ist gethan:
Da wird der halbe Mensch ein vollenkommner Mann;
Bevorab, wo die Wahl ist glücklich ausgeschlagen.
Und weil du, o mein Freund, mich pflegst so oft zu fragen:
Wie meines Urheils soll ein Weib beschaffen seyn;
So sag ich dir zu Dienst ausdrücklich, was ich mein.
Ein Weib sey echt zuvor und ehrlich von Geblüte,
Gottsfürchtig, Tugendreich und sittsam von Gemüthe.
Ein Weib, das ihren Mann an Stand und Gut ist gleich,
Nicht prächtig, nicht zu schlecht, nicht arm auch nicht zu reich,
Nicht allzu häßlich, schön, jedoch gesund von Leibe,
Das an dem Spiegel nicht den gantzen Tag vertreibe,
Nicht allzu weiß, noch schwartz, nicht mager, nicht zu fett,
Nicht wie ein Weitzenklump, nicht wie ein Eichen-Brett.
Ein Weib, das bald den Sinn des Mannes lernet kennen,
Versucht nicht an die Wand mit steiffem Kopf zu rennen,
Das nicht in Schnauben geht, und wie ein Löw sieht aus;
Bringt gleich der Mann zur Zeit ihr einen Gast ins Hauß.
Ein Weib, das mit Verstand kan geben und ersparen,
Und weiß der Küchen Grund in ihren ersten Jahren.
Ein Weib, das mit der Faust den Mägden zeiget an,

Was irgend spät und früh im Hause dient gethan.
Ein Weib, das Woll und Flachs von Kindheit an verstehet,
Der nicht vom Teufel träumt, wenn sie ein Rad umdrehet.
Ein Weib, das witzig ist, und hält doch weißlich ein,
Das nicht in Manns-Gewerb dem Mann zu klug will seyn.
Ein Weib, das nicht daheim von Koth und Mistlack stincket,
Und auf der Gassen geht wie eine Braut geschmincket.

Ein Weib, das sorglich ist, und hat ein scharf Gesicht,
Auf sich selbst und ihr Hauß und auf den Nachbarn nicht.
Ein Weib, das mit Vernunft sich in die Zeit kan schicken,
Und das im Fall es stürmt, kan weichen oder bücken,
Das ihren werthen Herrn nicht fährt mit Schnauben an,
Im Fall er über Durst hat einen Trunck gethan.
Ein Weib, das all ihr Leid mit Sanftmuth kan ertragen,
Nicht gehet Hauß bey Hauß in allen Gassen klagen:
Das über ihren Mann, im Fall er was verbricht,
Nicht bey Gefattern klagt, auch bey der Mutter nicht.
Ein Weib das um den Hut sich gar nicht mag bemühen,
Noch über ihren Peltz die Hosen anzuziehen.
Ein Weib, daß ihr Gesind fein ernst und ehrbar hält,
Doch gegen ihren Mann sich unterthänig stellt.
Ein Weib, daß sich nicht schämt zu waschen oder backen,
Nicht sieben ander hält, die künstlich an sich zwacken,
Dieweil die gute Frau besucht den Abendschmauß,
Mit vollen Kannen gehn, balb forn, bald hinten aus.
Ein Weib, das Jedermann mit Freundlichkeit empfänget,
Doch ihres Hertzens-Lust an keinen Frembden hänget.
Ein Weib, das niemahls wird auf bösen Sinn gebracht,
Als wenn ein schändlich Maul sie blöd und schamroth macht.
Ein Weib, das nicht ihr Geld auf lauer Kundschaft leget,
Und alles wissen will, was in der Stadt sich reget.
Ein Weib, das nicht regiert Rath, Kirchen und Gemein,
Das lieber Koch zu Haus als Kantzler wünscht zu seyn
Ein Weib, das nicht daheim kaum halb sich satt will fressen,
Auf daß die neue Tracht an ihr nicht sey vergessen.
Ein Weib, das Reinlichkeit hält für die beste Pracht,
Das Zucht und Tugend mehr als Geld und Perlen acht.
Ein Weib, das ziemlich früh das Volck zur Arbeit jaget,
Und eh nach Habermann, als nach dem Brandtwein, fraget.
Ein Weib, das ihr Gesind nicht allzu kärglich speist,
Und auf den Stockfisch nicht nur lauter Wasser geust.

Ein Weib, das nach der Kunst den Besem weiß zu führen,
Und wenn sie fegen will, erst fegt für ihrer Thüren:
Die mit der Nachbarschaft in Lieb und Frieden steht,
Doch selten aus dem Hauß, und oft zur Kirchen geht.
Ein Weib der Erbarkeit für aller Welt geflissen,
Das alle Tugend hat, doch solches nicht will wissen.
Ein Weib das sittsam geht, sich stiller Zucht befleist,
Und um die Narrenkapp und Vortritt sich nicht reist.

Ein Weib, das keine Lust zu böser Lust entzündet,
Das ihres Hertzens-Wunsch in ihrem Hause findet.
Ein Weib, das auf der Welt nicht mehr ergötzen kan,
Als GOtt, sein heiligs Wort, die Tugend und ihr Mann.
Glückselig ist der Mensch, dem solcher Schatz bescheret.
Und wo dir, o mein Freund, diß Muster ist gewehret,
Das eben auf ein Haar in allem hält den Stich;
So hast du besser Glück als Peter Filtz und Ich.

Vierdte Satyre
Die Kinder-Zucht.

Was wider Tugend lauft, und die Vernunft kan strafen,
Das sehn die Jungen erst von ihren alten Affen.
Hat Fritz die Karten lieb, das Kind weiß insgemein
Was Schüppen, Rauten, Klee, was Pabst und König seyn.
Verkehret Polus gern, ist klug in allen Tücken,
Und kneipt die Würffel wol, das Kind spielt mit den Brücken.
Welch Kind gewehnet sich hernach zum grünen Kraut
Das nichts als Neckerwein und Wild-Gebratens schaut:

Das von dem Vater sieht, wie er die Schnecken schlinget,
Die Spargen halb abbeist, den Stör zu Tische bringet,
Artschocken-Blätter klaubt, das Straussen-Hirn zerbricht,
Die Karpen-Zunge sucht, die rohen Austern sticht?
Wie kan doch Rutilus die Knaben Sanftmuth lehren,

Der keinen Lauten-Klang noch Spiel so gern mag hören,
Als der Karbatschen Streich, der für Sirenen preist,
So oft man auf den Knecht, als wie ein Hencker, schmeist,
Recht ein Antiphates dem zittrenden Gesinde,
Der niemals frölich ist, als wenn er nur geschwinde
Die Folter bringen sieht, der nie kein einigs Wort,
Als nur mit Hagel, Blitz und Donner bringet fort.
Solt aller Augen-Lust, die Julian aus Meissen,
Mit Recht seyn ungehaubt, und so lang Jungfrau heissen,
Die von zehn Jahren an, bey Tag und später Nacht,
Dem Buhler einen Brief von ihrer Mutter bracht?
So geht es von Natur. Das Böcklein folgt den Rammen.
Der Apfel fält nicht weit gemeinlich von dem Stammen.
Der Mutter Abriß ist die Tochter insgemein.
Wie itzo Thais ist, so wird ihr Kind auch seyn.
Nur wenigen hat das der höchste GOTT gegeben,
Aus sonderlicher Huld, daß sie vom bösen Leben
Der Eltern abwerts gehn; als wenn gemeine Pest
Von tausenden kaum zehn unangestecket läst.
Drum scheut und fürchtet euch, ihr Alten für den Jungen.
Last kein unerbar Wort entfahren von der Zungen.
Ein Kind hört gar genau. Es merckt das zarte Hertz,
Und denckt gar lange nach dem ungesaltznen Schertz.
Für Kinder sollen wir uns jederzeit entsehen,
Mehr als für grossen Herrn, weil auch ihr Engel stehen
Dem höchsten GOtt zu Dienst. Weg Flucher, Läster-Mund,
Nachtschwärmer, Lügener, Garsthammel, geiler Hund,
Wo zarte Kinder seyn. Es sey in keiner Zechen
Der Vater und der Sohn. Wie kan der Bach-Krebs sprechen:

Geh grade fürwerts hin, mein Kind, nicht hinter dich.
Möcht er nicht sprechen: Du mein Vater lehre mich
Und geh mir grade vor. Wie kan ein Alter schlagen

Und straffen seinen Sohn, ob er in vierzehn Tagen
Kaum einmal nüchtern ist, der selber sucht den Schmauß
Und sauft in Floribus zwey Dutzent Gläser aus.
Wenn dich ein fremder Gast will kommen heimzusuchen;

Da geht das Treiben an mit Schelten und mit Fluchen:
Magd, kehr die Stuben aus, räum alles von dem Tisch,
Thu weg das Spinn-Geweb mit einem Flederwisch,
Spül alle Bächer aus, vergiß der silbern Kannen
Und grossen Humpen nicht. Geh, Huren-Kind, von dannen.
Daß dich der Hagel schlag. Zünd etwas Mastich an
Und fege bald hinweg, was dort der Hund gethan.
Du Narr, ist dir so viel und hoch daran gelegen,

Daß einem fremden Gast nichts faules lieg in Wegen:
Warum läst du dir nicht die höchste Sorge seyn:
Wie daß dein gantzes Hauß sey aller Laster rein:
Wie alles ordentlich und richtig möge stehen,
Damit dein zartes Kind nichts ärgerlichs mag sehen?
Es preiset dich die Stadt und hält dich Ehren werth,

Daß du mit einem Sohn die Bürgerschaft verehrt;
Jedoch, so fern du ihn mit Fleiß hast auferzogen
Dem Lande Dienst zu thun, zum Handwerck oder Bogen,
Zur Pflugschaar oder Schwerdt, wo nicht? zu einem Mann,
Der mit Verstand und Rath zum Besten dienen kan;
Der klug und tüchtig ist die Unschuld zu verfechten,
Versteht der Käyser Satz, zusammt den Landes-Rechten,
Der nicht bey tausenden zu Leipzig hat verzehrt,
Und bringt Geschicklichkeit kaum dreyer Heller werth.
Daran liegt mächtig viel, mit welcher Lehr und Leben,

Zu welchen Sitten du pflegst Unterricht zu geben
Und leiten deinen Sohn. Der Storch fleucht an den Bach
Und sucht die Schlangen auf, und geht den Fröschen nach,

Versorgt damit sein Nest. So bald die Jungen fliegen,
Befleissen sie sich auch dergleichen Raub zu kriegen.
Der Raben Mutter sucht am Galgen ihr Gewinn,
Und trägt das blutig Aaß den kalen Jungen hin.
So thut ihr kleines auch, so bald es sich kan etzen
Und weiß auf einen Baum ihr eignes Nest zu setzen.
Der Adler fängt ein Reh, das lernet auch sein Kind,
So bald die Fittig ihm nur recht gewachsen sind.
Petronius war toll mit Häuser aufzubauen,

Mocht lieber nichts als Kalck, als Stein und Meissel schauen,
Macht Häuser wie ein Schloß, nahm gantze Strassen ein,
Und solte mit Gewalt das Geld verschleudert seyn:
Noch blieb den Erben gnug. Der Sohn riß alles nieder,
Was kaum gemachet war, und baut es herrlich wieder.
Itzund besitzet er nach vielem Ungemach

Ein Häußlein ohne Thür, und gleichfalls ohne Dach.
Wie aber kommt doch diß? Nach allen bösen Dingen,

Nach allen Lastern pflegt die Jugend selbst zu ringen,
Darf keines Treibers nicht. Nur zu dem Geitz allein
Will sie gemäglich nur und fast gezwungen seyn.
Vielleicht betreuget sie das ernstlich Sauersehen;
Weil er der Tugend gleich pflegt sittsam herzugehen,
Will häußlich seyn genannt, nicht frölich oder wild,
Der Arbeit zugethan, die leere Säckel fült.
Drum wird dem Geitzigen der Ruhm auch beygemessen
Daß er fein räthlich sey, dem Sauffen, Spielen, Fressen
Und aller Hoffart feind: weil er so sorglich spart,
Und jedes Gersten-Korn, wie einen Schatz, verwahrt.
Das lobet Jedermann, insonderheit die Greisen,
Die Jugend auf den Weg des Reichthums anzuweisen:
Dem folge nach mein Kind. Als wenn allein auf Geld
Die höchste Seeligkeit der Menschen sey gestellt.
Doch wie ein Anfang ist in allen andern Dingen;

So hat diß Laster auch den Anfang vom Geringen,

Und nimmt gemählich zu. Denn wilt du Meister seyn;
So lerne wohl zuvor der Knaben einmal ein.
So bald ein tausend Marck zusammen ist geheget,
Und tausend noch dazu; der Grund ist schon geleget.
Zwey doppelt machen vier, und zweymal vier sind acht.
Freund, Kurtzweil, gute Tag, und gut Bier gute Nacht.
Da fängt er ernstlich an, zu schaben und zu kratzen.
Er gibt die Greten nicht den Hunden oder Katzen.
Er schmälert dem Gesind ihr zugetheiltes Brodt.
Er selber leidet Durst und schwere Hungers-Noth.
So viel das Geld ihm wächst, so wachsen auch die Sorgen.
Er spart den Herings-Schwantz bis auf den andern Morgen.
Er frist das grüne Brodt, und trinckt den besten Wein,
Der in gantz Franckenland den Hunden ist gemein.
Kofent ist viel zu theur. Er zeichnet alle Stücken.
Er schleust den Knoblauch weg, samt einer halben Brücken.
Er frist lebendig Speck, schön wie Arabisch Gold,
Darauf kein Bettler ihm zu Gaste kommen wolt.
Ist der nicht doppelt toll? Ist der nicht gantz von Sinnen,
Der andern sparen will, und nicht für sich gewinnen,
Der nimmer satt sich frist, hat keinen guten Tag,
Alleine daß er reich am Gelde sterben mag?
Indessen wächst der Schatz, und nimmt bey grossen Hauffen,

Durch Monath-Zinsen zu. Da geht es an ein Kauffen.
Ein Land-Gut ist zu schlecht zu nähren solchen Mann.
Der nechste Meyer-Hof der steht ihm treflich an
Und iener noch dazu, sammt so viel hundert Morgen.
Der Nachbar leidet Noth. Du kanst so lange borgen,
Biß dir das Pfand verbleibt. Der Weinberg träget wohl,

Hey Schaden! daß mir nicht die Mühle werden soll
Und iener grüne Wald. Er handelt, kauft und zwinget,
Biß daß er dis und das, und alles an sich bringet.
Ist denn der Nachbar hart und will des Handels nicht;
So hat er Pferde, Küh und Ochsen abgericht.

Die schickt er ihm ins Korn, bey Nacht, zusammt den Ziegen.
Die Schweine müssen ihm den gantzen Weinberg pflügen.
Dergleichen Schelmen-Stück hat manches fruchtbar Land
Dem rechten Erben ab, dem andern zugewandt.
Und ob man gleich ihn schilt, ob gleich in allen Zechen

Die Leute rund heraus von diesem Schinder sprechen;
So achtet ers doch nicht. Was, spricht er, liegt daran,
Ob mich die Mißgunst beist, die mehr nicht schaden kan
Als eine magre Lauß? Ein Hülfe von den Linsen
Ist besser als das Lob der Tugend ohne Zinsen,
Als daß ein ieder sagt: O welch ein frommer Mann,
Der nur bey Käß und Brodt so gnügsam leben kan.
So wirst du denn, O Narr, Angst, Schwermuth, Quaal und Leiden,

Gift, Fieber, Zipperlein und alles Unglück meiden,
Wenn du nur pflügen magst mehr Acker an der Zahl
Als unter Tatius die Römer allzumahl?
Da, wie der Römer Heer in Africa noch siegte,
Als Pyrrus und sein Volck Italien bekriegte,
Als der Molosser Fürst und seine grosse Macht
Der Römer tapfers Volck in Furcht und Harnisch bracht,
Wer dazumal getreu und redlich ward erfunden,

Und zum Gezeugniß bracht die allermeiste Wunden,
Ein ehrlicher Soldat, von etwa sechtzig Jahr,
Der bey dem Adler schon Schnee-weiß geworden war,
Dem wurden endlich kaum zwey Morgen Land gegeben,
Davon er seine Zeit geruhig möchte leben.
Und diß war nicht verschmäht, als gar zu schlechtes Lohn
Für solche Treu und Dienst. Es nehrte sich davon
Der Haußherr und sein Weib sammt etwa sieben Kleinen.
Es saß an einem Tisch der Knecht auch mit den Seinen.
Der grosse Breytopf stund, und gab den heissen Rauch.
Die Kanne war von Holtz, die silbern Löffel auch.

Itzund ist so viel Land nicht gnug zu einem Garten,
Und daher kommt, daß wir der Tugend abzuwarten
So träg und schläfrig seyn, daß kein Betrug noch List,
Kein Raub noch Schelmen-Stück uns allzu groß mehr ist,
Darzu der Geitz uns treibt. Es pflag in alten Tagen
Ein frommer Haußmann so zu seinem Völcklein sagen:
Kommt Kinder, dancket GOtt, der uns in Fried und Ruh
Mit dieser Hütten deckt, und gibt das Brodt dazu.
Last ienen stattlich gehn von armer Leute Zähren:

Der Purpur ist für den der sich vom Blut muß nehren:
Du weist nicht welche Pracht ein grober Kittel sey
Der ein Gewissen deckt von aller Boßheit frey.
Wer so lebt als wie ich, der wird sich nicht bemühen,
Was schändlich ist zu thun, noch Diebisch an sich ziehen
Was eines andern ist. Die allzu grosse Pracht,
Die ist es die itzund so manchen Schelmen macht.
Das war der alten Lehr. Itzt gibt es andre Sitten.
Wenn noch der kühle Mond des Nachtes in der Mitten
Des hohen Himmels steht, da ruft der Vater schon
Und wecket mit Geschrey den Schlaf-ergebnen Sohn.
Auf Junger! komm hervor. Der Hahn hat schon gekrehet,
Bootes hat vorlängst den Karren umgedrehet.
Du bist der Ratzen Art, du schnaubst die gantze Nacht
Die ich mit Schwermuth hab und Sorgen zugebracht.
Auf! such das Buch hervor. Wie viel hat Kuntz bezahlet?
Wenn stelt sich Nickel ein? Der gute Kerrel prahlet
Als wie ein Grafen-Kind, und komm ich in sein Hauß;
So schleicht der feine Herr zur Hinter-Tühr hinaus.
Der schwartze Teufel hohl ein andermal das Borgen.
Ein ander lebet wohl von meinen schweren Sorgen
Und spottet mein dazu, hält täglich Martins Tag
Und ich geniesse nichts als lauter Ungemach.
Heraus du Limmel! fort! Was guts will aus dir werden?
Wills ia nicht anders seyn; so lauf mit dreyen Pferden

Zum Teufel in den Krieg, und schlag den Türcken todt,
Und iag die Bauren aus, und thu die schwere Noth
Den feisten Gänsen an, den Grossen wie den Kleinen.
Friß Hüner, Schaf und Lamm, die Ferckel samt den Schweinen.
Wenn dis die Mutter hört, da geht der Lermen an.

Was, spricht sie, Dudendopf, was hat mein Kind gethan?
Soll mein Sohn in den Krieg? Dem Kalbes-Fell nachgehen?
Verkauffen Leib und Blut? Zwölf Jahrlang Schildwacht stehen
Um eines Monats-Sold? Dem Kaufmann warten auf,
Und hinter einen Busch verrennen seinen Lauf?
Und ob es glücken möcht, daß er in einem Streite
Sich wohl und tapfer hielt, und machte frische Beute,
Wie lange währet das? Was durch Pistol und Schwerdt
Im Huy erworben wird, das wird im Huy verzehrt.
Was hat er endlich mehr und bessers als zuvoren?
Vielleicht ein höltzern Bein und eben so viel Ohren.
Der Augen nicht vielmehr. Es folget ihm gemach
Ein gantzes Regiment auf seinen Rücken nach.
Ist das nicht wohl gethan? Was kommen euch für Possen
Itzunder in den Sinn? Kaum ist ein Jahr verflossen,
Da solt er mit Gewalt ein Bücher-Hase seyn,
Und plagen sich zu todt mit Griechisch und Latein.
Ein schöner Anschlag traun? Was ist ein Tinten-Juncker?
Ein Reicher ohne Geld, ein kahler Strassen-Pruncker,
Der etwa von Paris nur Titel bringt zu Hauß.

Den Hut auf einem Ohr. Im Beutel eine Lauß.
Vielleicht gedeyet er zu Ruten oder Stecken,
Des Kadmus Halb-Gesell, die Kinder nur zu schrecken,
Der niemals frölich ist, als wenn das Kirch-Spiel klingt,
Das Weib den Mann beweint, und er si bona singt.
Wozu hat der studirt, der schimpflich alle Morgen
Vom Brauer muß das Bier, das Brodt vom Becker borgen?
So lange Hering seyn, Saltz, Butter, Pech und Schmeer,
Gewinnt er wohl sein Brodt ohn Bücher und Gewehr.

Das Geld ist eben gut und stinckt nach keinen Waaren,
Und könnte mans von Koth und Harn zusammen sparen,
Wie iener Kayser thät. Mein Sohn, auf dieser Welt,
Man sage was man will, gilt mir nichts mehr als Geld.
Geld macht die Narren klug, erhebt zu Ehren-Ständen.
Es redet ohne Mund, gewinnt mit stillen Händen.
Es steurt die Jungfern aus, gibt Adel und Geschlecht,
Macht rechte Sachen krumm, und krumme Sachen recht.
Dem fält der Vater bey. Diß lernen alle Knaben,
So oft ein kleines Kind will einen Sechsling haben
Zum weissen Morgen-Brodt, daß er zur Schulen geh.
Die Mägdlein lernens auch noch vor dem A, B, C.
Noch möcht ich einen wohl von solchen Eltern fragen:

Was eilest du du Narr? Vor Jahren und vor Tagen
Wird niemand völlig klug. Gib Zeit. Du wirst es sehn,
Wie weit der Schüler wird dem Meister übergehn.
Gleichwie der Telamon dem Aiax muste weichen,
Der Vater seinem Sohn, und wie in allen Streichen
Achilles übertraf des Peleus alten Ruhm;
So wird dir auch geschehn. Nur laß die zarte Blum
Erst aus dem Kraut hervor. Laß ihn zu Jahren kommen.
Sobald der Scherer ihm den ersten Bart genommen,
Da wirst du Wunder sehn. Er wird für aller Welt
Ein falscher Zeuge seyn, um ein geringes Geld
Verfluchen Leib und Seel. Ja, kan es Geld eintragen;
Er wird wohl eine That auf Galg und Rad hin wagen.
Was dir bey Jahren lang mit grosser Müh gelung,
Dasselbe glücket ihm vielleicht in einem Sprung,
Behüte GOtt! Sprichst du, erschrocken und verfehret:

Ein solches hab ich ihm mein Lebtag nicht gelehret.
Vielleicht hast du die Wort so groß nicht ausgesagt;
Doch ist die Schuld an dir, daß er ein solches wagt.
Wer seinen Sohn befiehlt zu kratzen und zu schinden,
Wer einen Narren heist, der auch die harte Rinden

Dem krancken Freunde gibt, wer Armuth schimpflich hält
Und in dem Hertzen nichts anbetet, als das Geld,
Der leitet seinen Sohn gemach zu solchen Sachen.
Bald lernt er fremde Schrift und falsche Siegel machen,

Berschwert ein theures Pfand, sticht arme Waysen aus,
Nimmt, was gestohlen ist, um halbes Geld ins Hauß,
Verfälscht ein Testament, beschneidet an den Kanten
Das allerbeste Gold, gibt Glaß für Diamanten,
Für Pfeffer Mause-Dreck, thut einen guten Satz
Der Silber-Müntze zu, besucht den Kirchen-Schatz
In stiller Gottesfurcht, geht zu gemeinen Säcken.
Ein erbar Angesicht kan alle Possen decken,
So lang es GOtt gefällt, so lange der noch schweigt,
Der alles heimlich sieht und offenbarlich zeigt.
Siehst du wohin der Geitz ist endlich ausgeschlagen?
Siehst du was deine Lehr für Früchtlein hat getragen?
Weiß er das Schul-Recht kaum; er will schon Meister seyn.
Gibst du ein Handbreit nach, er nimmt bey Ruthen ein.
Diß Feur hast du geschürt. Nun schlagen alle Flammen
Auch über dich, du Narr, und deinen Kopf zusammen.
Gleich wie ein iunger Löw die Zahne grimmig beist,
Und, wenn er wütend wird, den Meister selbst zerreist.
Die Runtzeln des Gesichts, der Schnee der grauen Haare

Gibt reichlich zuverstehn, daß deines Lebens Jahre,
Nicht schlechter Anzahl seyn, daß du schon Berg hinab
Mit schwachen Füssen gehst und eilest in das Grab:
Noch gleichwol kan dein Sohn des Endes nicht erharren,
Begehrt dich lieber heut, als Morgen, einzuscharren;
Und ob er sauer sieht; kein Trauren ist gemeint.
Weist du nicht, daß man auch für Freuden oftmals weint?
Drum sieh dich eben vor, daß in dem güldnen Becher,
Der Tod nicht etwa sey, der bleiche Hertzenbrecher.
Ersuch dem Aesculap um einen guten Rath
Und nimm bey Zeiten ein, was etwa Mitridat

Vorlängst hat zugericht, daß laß zuforderst sincken;
So du noch wilt den Most vom neuen Kälter trincken.
Kein Schauspiel wird so bunt und seltsam fürgestellt,

Das nicht in Wahrheit sich befindet auf der Welt.
Vielleicht hat ein Gehirn aus Griechenland erdichtet,
Wie Clytemnestra tobt, und ihren Mann hinrichtet,
Und wiederum Orest der Mutter gibt den Lohn,
Und Phedra voller Brunst ermordet ihren Sohn,
Wie Atreus sich mit Lust in seinem Grimm ergötzet,
Dem Bruder ein Gericht von seinen Kindern setzet,
Wie kläglich der Thyest in seine Glieder beist,
Wie Kolchis ihren Sohn in hundert Stücken reist.
Diß alles trägt sich zu, und noch wohl ärger Sachen,
Wo Gold- und Silbersucht die Menschen wilde machen.
Ja solte man das Spiel geheimer Orten sehn;
Man liesse Cäsars Platz sammt allen Marmor stehn.
Du siehst verwundert an das wütende Beginnen,

Wenn Aiax schnaubend geht beraubet aller Sinnen

Bald einen grossen Stier, bald einen Hammel sticht,
Im Wahn, daß er den Hals dem Ithakus zerbricht;
Und dieser ist allein für rasend nicht zu schätzen.
Wer sich mit grossem Gut darf auf ein Höltzlein setzen
Und kennt zuvor die See und ihren tiefen Schlund,
Wie sie so manches Schif versencket in den Grund,
So manchen Ancker frist, so manchen Mast verschlinget,
So mannig tausend Mann um Leib und Leben bringet;
Wer dieses alles weiß und in den Wind schlägt hin,
Und wagt gewisses Gut um mäßlichen Gewinn,
Verblendet durch den Geitz, der hat den Witz verlohren,
Der ist ein Narren-Kopf, wiewohl er an den Ohren
Nicht etwa Schellen trägt. Läst sich Gewölcke sehn,
Verkreucht die Sonne sich, will gleichsam untergehn
Bey früher Tages-Zeit. Erhebet s[i]ch ein Brausen.
Was, spricht der Pfeffer-Sack, laß einmal übersausen

Es ist ein Sommer-Flug. Den Ancker in die Höh:
Stell auf Maisan und Fock. Nur lustig in die See!
Und kan dieselbe Nacht vielleicht sich das begeben,
Daß er von aller Pracht nichts übrig, als das Leben
Und schwimmet ohne Schif gantz nackend in der Fluth
Und hat, dafern es glückt, von aller Haab und Gut
Den Beutel in dem Maul: Ja kan es ihm gelingen,
Daß er den blosen Leib nur an das Land mag bringen;
Er wird zufrieden seyn. Da wird er Hauß bey Hauß
Um einen Heller gehn, und streichen weidlich aus,
Wie groß die Noth gewest, wieviel er zugesetzet.
Da wird ein ieglichs zehn auf tausend hingeschätzet.
Und ob ihn gleich die See gantz kahl und blos gemacht;
So führet er dennoch mit Lügen seine Pracht.
Nun, was mit solcher Angst und Sorgen wird erkaufet,

Wornach man mit Gefahr der Seelen rennt und laufet,
Was man so lange Zeit auf einen Hauffen spahrt,
Das wird noch sorglicher erhalten und verwahrt.
Die Laden voller Gold, die reichen Silbertruhen
Die lassen ihren Herrn gar selten sicher ruhen.
Ist der Ducaten gleich geharnischt wie ein Held;
Es wird ihm eben wol von Dieben nachgestellt.
Wie leichtlich kan ein Brand in einem Hauß entstehen?
Wie leichtlich kans der Knecht, wie bald die Magd versehen?
Wenn erst Ukalegon, dein Nachbar, steht im Rauch;
So gilt es deiner Wand und deinem Giebel auch.
Je mehr nun solches Hauß mit Reichthum ist beladen,
Je schwerer ist die Noth, je grösser ist der Schaden.
Das Faß Diogenis wird niemals abgebracht.
Zerbricht es? Morgen ist ein anders nachgemacht.
Diß hat der grosse Fürst von Pella wol erwogen,
Der nur aus lautern Geitz die Welt hat überzogen,
Bezwungen, durchgeraubt und siegend überreist,
Darum er auch für sich den Bettler selig preist:

Dieweil er nichtes hat, und da es ihm bescheret
Zu fordern was er will, kein Stäublein hat begehret,
Ein Herrscher seiner selbst, in allem Mangel reich,
Ein Spötter der Fortun, des Königes zugleich.
Wie ferne mag man denn nach Gütern endlich streben?

Wie viel deucht dir gerecht, sprichst du, zu diesem Leben?
So viel dem Hunger, Durst und Blöße wehren mag,
Wie ehmals Socrates sich durchzuhelffen pflag,
Und Epicurus auch in seinem schmalen Garten,
Nach welchem wenig izt der Epicurer arten,
Die Schwärmer sonst genannt. Die Weisheit und Natur
Sind immer eines Sinns und eines Magens nur.
Ist diß zu schlecht gespeist? Ich will dir auch gewähren
Ein täglich Mittel-Kleid, ein bessers, eins zu Ehren.
Was mehr? sprichst du. Ein Hauß von aller Nothdurft reich,
Den Keller wol versorgt, den Boden eben gleich.
Was mehr? Der Rinder zwey, Gänß, Hüner, Tauben, Enten,
Was mehr? Zehn tausend Marck auf gar gewisse Renten.
Was mehr noch? Wilt du mehr? Ich weiß noch einen Schatz,
Den heimlich hat verscharrt des Nachbarn graue Katz.

Fünfte Satyre
Vom Gebete.

Sey frölich, o Makrin! Halt diesen Tag in Ehren,
Der deiner Jahre Zahl von neuen wird vermehren.
Gib Danck und Opfer her. Bring nur ein Rößel Wein.
Mit unserm Schaden will GOtt nicht gedienet seyn.
Ein heiliges Gebet, das nach dem Geitz nicht schmecket,
Sticht hundert Ochsen aus; Du tragest unverdecket

Den Wunsch des Hertzen an, bringst alles deutlich vor
Und raunest ins Geheim den Göttern nicht ins Ohr,
Wie sonsten wol geschicht. Ist jemand da zugegen;
So ruft man laut heraus: Gib nur in allen Wegen,
O Jupiter, ein Hertz, das dir zu Dienste sey,
Mit Schanden unbefleckt, genügsam, redlich, treu,
Dem Geitz und Wucher feind. Das geht aus vollem Rachen.
Inwendig aber spricht das Hertz von andern Sachen,
Und murmelt bey sich selbst: O daß das gute Glück
Mir an Ducaten geb ein hundert tausend Stück!
O daß mein alter Freund, daß meine reiche Baase
Gar sanft und selig wär bedeckt mit grünem Grase!
O daß Nicanors Sohn, der näher erbt als ich,
Noch heute kriegen möcht den lezten Todes-Stich.
Denn wozu dienet ihm so grosses Gut zu erben,
Des Leben nichtes ist als nur ein täglich Sterben;
Schwartz, mager, häßlich, bleich, vom Fieber ausgezehrt,
Ein Schatten sonder Leib, nicht eines Hellers werth?
Ach möcht ich nur ein Weib mit grossem Gut erwerben,
Die heute käm ins Hauß und morgen möchte sterben.
Sieh wie es Nereus, dem reichen Filtze, glückt,
Der schon die dritte Frau bereits zu Grabe schickt.
Diß ist des Hertzens-Wunsch. Und daß nun solch Begehren
Als heilig und gerecht der Himmel mag erhören:
So gehst du Morgens hin, thust dreymahl einen Guß
Vom Tyber auf das Haupt, entsündigest den Fluß
Der hingelegten Nacht. Nun muß ich eins dich fragen:
Wer ist denn Jupiter? Was wilt du von ihm sagen?
Ist er ein GOtt? gerecht, der Frömmigkeit belohnt,
Den Grund des Hertzens kennt, und keines Buben schont?
Wie darfst du denn von ihm solch schändlich Ding begehren?
Wenn Staius selbst, ein Feind der Tugend und der Ehren,
Ein solches hören solt, er schrie den Himmel an:
O Jupiter! O Mars! O Phöbus! O Vulcan!

Wie kommt es denn, sprichst du, daß Jupiter so schweiget,
Nicht pfeifet oder zischt, noch zornig sich erzeiget?
So meinest du, o Narr! Weil dich der Boden trägt,
Weil dich der Donner nicht fort in die Erde schlägt,
Zehn gantzer Klaftern tief: Es sey bereits vergessen,
Und hältest nun davor das Stehlen, Rauben, Fressen,

Daß Neid, Betrug und Mord, daß wüste Tyranney
Nicht Sauersehens wehrt und lauter Kurtzweil sey.
Womit kanst du also die Götter doch bethören,
Daß sie dir günstig seyn und gerne müssen hören?
Was macht dich so genehm? Ein Hand voll Blut und Fett?
Schaaf-Rind-und Kälber-Fleisch? Ein fluchendes Gebet?
Doch du bist nicht allein ein Mann von solchem Ruhme,

Der mit den Göttern spielt. Dort sitzet eine Muhme,
Die süssen Brandtwein hat, so bald sie ist erwacht,
Die Lippen Andacht voll, die Nase roth gemacht
Und hält ihr Kindes-Kind. Sie braucht in wisch- und winden
Ein sonderlich Gesetz. Sie streichet forn und hinden
Ein dreymal doppelt Creutz. Wenn dieses ist gethan;
Da hebt sie ihr Gebet mit einem Seufzer an:
Der Himmel sey dir hold, der dir bereits gegeben
Der Schönheit höchsten Preiß für allen die da leben,
O gleicher Mutter Sohn! Es wachse Glück und Geld
Dir in der Wiegen zu, als wie der Regen fält.
Gantz England weiche dir an Vieh und schöner Weide.
Apulien an Wein, Egypten an Getreyde.
Der reiche Licinus, des Crassus grosse Pracht
Sey gegen dir, mein Sohn, für Betteley geacht.
Was nur dein Hertze wünscht, das muß dir GOtt beschehren
Ein grosser König muß zu Eidam dich begehren.
Wohin du treten wirst, wo deine Füsse gehn,
Da müssen Majoran und schöne Rosen stehn.
Und welche wird zulezt nach deinem Namen heißen?
Es müssen sich um dich die schönsten Jungfern reißen,

Und neiden mit Verdruß die hochbegabte Braut,
Die dir zu grossem Glück wird werden anvertraut.
So spricht das alte Fell. Ein ander wünscht dem Kragen

So viel er schlingen mag, und einen guten Magen,
Und einen starcken Leib, von Gicht und Fieber frey,
Der nicht weiß was Klystier und bitter Pillen sey.
Wie aber kan doch diß, Hanß Schluckebier, geschehen,
Der du die Sonne nicht siehst nüchtern untergehen,
Der du dem Halse nie vergönnest satte Ruh
Und stürmest auf den Leib mit solchen Humpen zu?
Ein ander bittet wohl, daß ihm bey grossen Haufen

Das Horn- und Wollen-Vieh mag auf der Weide laufen;
Daß seine Schäflein sich verstecken in dem Klee
Und daß der süssen Milch die Eymer übergeh.
Wie ist das müglich doch, wann du auf dem Altare
Mehr Vieh und Opfer würgst, als du im gantzen Jahre
Von neuen ziehen magst, und gibst den Göttern hin,
Was weder dir gereicht noch ihnen zum Gewinn?
Und daher hoffest du: Nun kommet das Gedeyen!
Nun wird es lauter Gold und Rosenobel schneyen!

Nun kommt das gute Glück! Biß das aus grosser Noth
Der lezte Heller geht nach Hering oder Brodt.
Und wie der güldne Dreck ist deine Lust und Leben;
So meinst du, daß ihm auch die Götter sind ergeben,
Nicht weniger denn du. Wenn dir von lieber Hand
Ein güldnes Trinck-Geschirr, ein theurer Diamant,
Ein schöner Beutel käm mit funfzehn tausend Thaler
Wie wär der Freude Rath? Wie führest du, o Prahler,
Für Wollust aus der Haut? So, bildest du dir ein,
Muß auch der Jupiter und sein Gesinde seyn.
Und darum läst du ihm auch Haar und Bart vergülden
Und ziehst ihm Purpur an, behengst mit reichen Schilden
Der Kirchen Rauch-Altar. In iener alten Zeit
Da hatte Jupiter kein besser Ehren-Kleid,

Als König Numa selbst. Der Hoffart war vergessen.
Frau Veste muste wohl aus steinern Schüsseln fressen.
Und schlecht genung gespeist. Diß aber alles war
Den Göttern mehr genehm, als zweymal funfzig Paar
Der Ochsen itzo sind: Weil sie die schlechten Gaben,
Mit Treu und Redlichkeit zuvor gewürtzet haben.
Gold, Silber, Fleisch und Fett ist nur der Menschen Lust,
Davon der Götter Zunft nicht weiß, noch hat gewust.
Der Menschen Uppigkeit sucht Purpur, Gold und Seiden
Da Peltze, Flachs und Woll uns besser könte kleiden.
Der Leib, der Madensack, macht Stein und Perlen theur,
Es dienet seiner Lust Erd, Himmel, Wasser, Feur.
Diß alles nützt der Mensch, wiewol nicht ohne Sünden,
Doch kommt es ihm zu gut, so viel er weiß zu finden.
Nun aber sage mir, du gantze Pfaffen-Schaar,
Wozu ein Rind und Lamm gewürget beym Altar?
Was soll doch Geld und Gold? Was soll dergleichen Sachen
Im Tempel, beym Gebet und für den Göttern machen;
Es sey denn izund wahr, was längst gelogen ist,
Daß Hercules ein Rind auf eine Mahlzeit frist:
Daß Jupiter zu Tisch mit allen Göttern sitzet,
Hält immer frey Gelach, und sauffet, daß er schwitzet?
Was nützet ihm das Geld, des er nicht mehr begehrt,
Als wenn man der Dian ein Dockenspiel verehrt?
Last uns zum Tempel gehn, gerüst mit solchen Dingen,
Die des Messalen Sohn nicht kan zuwege bringen,
Wie reich er immer ist. Ein Hertz von Lastern rein
Und Hände, welche nicht mit Blut gesudelt seyn:
Ein ehrliches Gemüth, ein fröliches Gewissen,
Das Billigkeit beliebt, des Rechten ist beflissen.
Solch Opfer bringe vor: Und ob du mehr nicht hast;
Wirst du den Göttern seyn ein angenehmer Gast.

Sechste Satyre
Gut und Böse.

Ich bin kein Kind nicht mehr! darf wol ein Milchmaul sagen,
Was Gut und Böse sey, bedarf ich nicht zu fragen:
Ich kenne weiß und schwartz! Glück zu der Weißheit Sohn,
Du Thales unsrer Zeit, du mehr als Salomon.
Woher hast du, o Held, den Ursprung doch genommen?
Du bist der Mutter, traun, nicht aus der Nasen kommen,
Wie ein gemeiner Rotz. Wo mich der Sinn nicht treugt;
So bist du aus dem Haupt des Jupiters gezeugt,
Noch ehr als Pallas selbst. Wo hat man deines gleichen?
So weit die Sonne mag mit ihren Strahlen reichen,
Ist niemand so wie du, der alles Zweiffels frey
So richtig wissen mag, was gut und böse sey.
Kein Mensch auf dieser Welt wird seinem Leib und Leben
Erwünschen, was nicht dient, noch irgend darnach streben,
Das nur verderblich ist, wo nicht ein falscher Wahn
Den Gift für Zucker nimmt, und sieht ein Unglück an,
Als war es lauter Glück. Wo ist ein Mensch auf Erden,
Der endlich satt genug an Reichthum könne werden?
Da doch der güldne Koth, das Sorgen-schwere Geld,
So manche Seel ersäuft, so manchen Mann gefällt.
Was hat doch den Longin so plötzlich hingerichtet?
Nicht Caßius sein Bild, wie damals ist erdichtet.
Was denn? Das liebe Geld war grösser als gemein,
Und seiner Baarschaft mehr, als des Tyrannen sein.

Hätt auch der Seneca so plump nicht zugenommen;
Das warme Bad wär ihm so übel nicht bekommen:
Hätt ihn das gute Glück mit Gelde nur verschont;
Der Schüler hätte nicht dem Meister so gelohnt.
Wer seinen Schatz, das Geld, zur Reise mit sich träget,
Wie geht er voller Angst? Wenn nur ein Schilf sich reget;
So fürchtet er das Schwerdt. So oft ein Lüftlein weht;
So ist kein Haar an ihm, das nicht zu Berge steht.
Er wünschet tausendmahl den rothgefärbten Morgen,
Das liebe Tages-Licht, den Anstand seiner Sorgen.
Wer ledig ist geht frey. Die Armuth ist sein Schutz.
Er singt ein frölichs Lied dem Mörder wie zu Trutz.
Wir sehen mächtig stoltz, wenn unsre Tafeln pralen
Mit silbern Tisch-Geschirr, und güldenen Pocalen;
Da doch viel besser ist nur Saltz und sichre Ruh.
Man richtet keinen Gift in steinern Schüsseln zu.
Wo theurer Malvasier im rothen Golde brennet,
Da fürchte die Gefahr, die Leib und Seele trennet.
Ein Schincken aus dem Rauch steht wider Hungers-Noth.
Der süsse Marzipan bringt oft den bittern Tod.
Wohl deme, dessen Wunsch nicht weiter sich erstrecket,
Als seiner Nothdurft dient. Ob dich ein Palast decket,
Von Marmor oder Stroh; Du wirst nach meinem Sinn,

Darum nicht höher seyn, nicht kürtzer als vorhin.
Was hilft es, das Lucul zu Tafel ist gesessen,
Da hundert Trachten stehn? Er kan nur satt sich fressen.
Was ihm Geflügel, Wild, Pasteten, welsches Huhn;
Das alles kan mir auch ein guter Stockfisch thun.
Geschweige, daß ihm nichts nach Willen mag gerathen.
Denn ist die Suppe saltz, das Fleisch zu sehr gebraten:
Es mangelt hie und dort, bald diß, bald ienes noch:
Da geht ein Wetter an; Da fluchet man dem Koch
So manchem in den Leib, als Juden sind zu Prage,
Als Huren zu Florentz, als Stutzer in dem Haage;

Da doch den armen Tropf allein der Eckel quält
Und nichtes auf der Welt, als nur der Hunger fehlt.
Wenn noch der Magen nicht das vorig kan verdäuen,
Den Schmauß der lezten Nacht, und lieber wolte speyen,
Als wieder seyn gefüllt; Welch Bißlein, welcher Tranck
Kan ihm zu Willen seyn? Wer kochet ihm zu Danck?
Da wird dem Leckermaul, dem sonsten nichtes fehlet,
Ein Hering abgestreift, ein Rettig nur geschälet,
Ein frischer Kropf-Sallat mit Eßig vorgebracht;
Und also ist Lucul und ich nun gleich gemacht.
Diß trägt mein Garten auch. Ach wie ein seligs Leben
Führt der, dem seine Faust das täglich Brodt kan geben,
Ist vor der Sonnen wach, fängt alles was er kan,
Mit GOtt und dem Gebet, und frischen Händen an!
Wenn noch ein Reicher sich in seinen Federn strecket;
Greift er zu Käs und Brodt, das ihm viel besser schmecket,
Als eingemachter Saft, als Ingwer und Suckat,
Und was in seinem Krahm der Apothecker hat.
Denn wieder an sein Werck, gehämmert und gesungen,
Mit Kindern, Weib und Magd, mit Knechten und mit Jungen,
Biß daß der halbe Tag ist fleißig fortgebracht,
Der ihm von neuen Lust zur guten Mahlzeit macht.
Von solchem Leben weiß ein Reicher nicht zu sagen,
Der nur in Uppigkeit und lauter faulen Tagen
Die liebe Zeit zubringt, mit Müßiggang sich quält
Und nur mit Uberdruß die lange Stunden zählt.
Ihm schmeckt nicht warm noch kalt, kan schwerlich selber schliessen,
Womit er seine Lust will machen oder büssen.
Der arme Teufel stöhnt von zarter Faulheit schwach,
Hat alles was er will, und nichtes, das er mag.
Doch aber dieser ist so groß nicht zu beklagen.
Frißt er itzunder nicht, so hat er seinen Magen

Doch gestern wol gefüllt, und fügt es seinem Sinn;
So geht es wieder auf den alten Käyser hin.
Wie mancher aber ist, der von den reichen Schätzen
Nicht einmal in dem Jahr sich redlich darf ergötzen:
Säuft Wasser oder Wey, maust hart und schimlich Brodt:
Der grosse Vorrath selbst bringt ihn in Hungers-Noth.

Zu Leuten kommt er nicht. Er hütet sich für Schaden.
Denn wer zu Gaste geht, der muß auch andre laden:
Drum hält er sich versperrt, frißt seinen Kohl allein,
Darauf ich warlich nicht sein Gast begehr zu seyn.
Er ist der Erben Fluch, wiewol sie alle schmeicheln,
Und dieser mehr, als der, dem alten Kröchler heucheln,
Und sehn erbärmlich zu wenn ihm vom Fieber graut,
Als wie ein mager Hund ein sterbend Pferd anschaut.
Hie aber weiß der Geitz sich schön und rein zu machen,
Spricht: Was? Soll denn ein Mensch nicht für die Seinen wachen:
Ernehren Weib und Kind, versorgen seinen Heerd?
So war er ia ein Bub, und nicht des Lebens wehrt.
Ja freylich. Aber diß hat auch bescheidne Maaße.
Viel besser ist, daß man was ehrlichs hinterlaße,
Den übrigen zu gut, als daß man herrlich leb
Und endlich für den Sarg den lezten Thaler geb
Und mach ein Testament, dafür nicht viel zu dancken,
Als nur, daß um den Rest die Erben sich nicht zancken.
Wer wolgewonnen Gut den Seinen lassen kan,
Der ist für aller Welt ein Ehren-werther Mann.
Du aber hörst nicht auf zu kargen und zu fasten
Und machest einen GOtt aus deinem Silber-Kasten.
Und ob des Geldes noch wär tausendmahl so viel;
So hat der schnöde Geitz doch weder Maaß noch Ziel.
Nun lieber, sage mir: Wenn etwa deine Kinder
Auch solten seyn, wie du, so Ende-lose Schinder;

Wozu das grosse Geld? Worzu die reiche Beut,
Im Fall man nimmermehr derselben wird erfreut?
Doch hier ist keine Noth. Auf einen guten Heger
Folgt, wie das Sprichwort heist, ein guter Seckelfeger.
Zwey Schelmen müssen seyn zu lang erspartem Gut.
Der eine, ders erwirbt, der ander, ders verthut.
Was iener alte Narr in zweymal dreißig Jahren
Hat sorglich beygelegt, kan durch die Gurgel fahren
In so viel Monat-Zeit. Der Juncker hat nun Geld.
Der Arbeit mag er nicht. Er sucht die frische Welt,
Wo von dem süssen Wein die Becher überfließen
Wo sich die iunge Bursch in Frölichkeit begießen,
Wo Rauch und Pfeiffen seyn, wo man beym guten Schmauß
Den Ofen, Stul und Tisch zum Fenstern wirft hinaus,
Wo ieder säuft, und speyt, sich schläget, singt und lachet
Und nasse Brüderschaft so leichtlich bricht, als machet,
Wo man beym Seiten-Spiel mit Freuden tantzt und springt,
Wo man runda runda auf zwantzig Stimmen singt,
Wo Venus Hof-Gesind ums Geld zu Dienste stehen,
Wo Karten-Spiel und Brett in vollem Schwange gehen.
Es wird gehurt, geschwelgt, gedoppelt, bis zulezt
Auch Beutel, Hosen, Wams und Hut wird aufgesetzt.
Da geht der Jammer an. Da hebt er an zu dencken,
Ob er den nassen Halß will würgen oder hencken.
Den Freunden kommet er nicht gerne zu Gesicht.

Das Graben wird ihm saur. Zum Handwerck taugt er nicht.
Nach langem Rath greift er zu Spießen, Wehr und Waffen,
Will das verlohrne Geld durchs Eisen wieder schaffen.
Gibt sich beym Werber an, beut selber Leib und Blut,
Um einen Thaler feil. Der solch ein treflich Gut
So schändlich umgebracht, muß noch wohl weiter gehen
Und auch das Vorgebürg der guten Hofnung sehen.
Denn nach Sumatra zu, nach Zeilon, nach Javan,
Da, wo der Pfeffer wächst dem schwartzen Morian.

Wiewol nach Indien auch näher ist zu kommen.
Nur fort die Elbe lang den sichern Weg genommen,
Biß auf die Festung zu, wo man die Wilden schleust,
Wo man Brasilisch Holtz mit eisern Zähnen beist.
Ein ander meint, daß er den Himmel eingenommen:

Wenn er für aller Welt mag hoch zu Brete kommen,
Bey Fürsten seyn gesehn, in güldner Dienstbarkeit
Und stoltzer Sclaverey verbringen seine Zeit.
Hat gern daß neben ihm das gantze Volck sich beuge,
Und mit entblöstem Haupt biß auf die Erde neige.
Spricht lauter Steltzen-Wort, erhebt, indem er spricht,
Die Augen hoch empor. Kennt keinen Bruder nicht,
Noch einen alten Freund, der nur zu Fusse gehet,
Und itzo neben ihm ein armer Ritter stehet,
Da er auf einem Gaul von tausend Thaler sitzt,
Der wild von geiler Lust sich hebet, schäumt und schwitzt.
Es laufen um ihn her die Pagen und Laquayen,
Von Jungen sag ich nicht, es möchte Steine schneyen,
Geschnürt, gebrämt, geputzt, da keiner ist so klein,
Der ihm nicht selber auch ein Herr bedünckt zu seyn.
Was solte der nicht thun, der solch ein Volck kan miethen
Und nur mit einem Winck den Stutzern darf gebiethen?
Er kennt sich selber kaum. Er hat den stoltzen Staar.
Er war nicht der er ist. Er ist nicht, der er war:
Und ob er muß gestehn, dafern er nicht will liegen,
Daß er durch weiß und schwartz so hoch empor gestiegen.
Doch hält ers sehr verdeckt. Er meidet das Latein.
Ein ieglich ander Wort muß nur Frantzösisch seyn.
Frantzösisch Mund und Bart, Frantzösisch alle Sitten,
Frantzösisch Tuch und Wambs, Frantzösisch zugeschnitten.
Was immer zu Paris die edle Schneider-Zunft
Hat neulich aufgebracht, auch wider die Vernunft,
Das liebt dem Teutschen zu. Solt ein Frantzos es wagen,
Die Sporen auf dem Hut, die Schuh an Händen tragen

Die Stiefeln auf dem Kopf, ja Schellen vor dem Bauch
Anstatt des Nesselwercks: Ein Teutscher thät es auch.
Wer hätte wohl erdacht, als Narren und Frantzosen,
Bey einem Sammet-Rock die groben Leinwands Hosen?
Wenn selber Heraclit den Plunder solte sehen;

Er ließ, mit Gunst gesagt, für Lachen einen gehen.
Ich sag itzunder nicht von prächtigen Carossen,
Darauf Madame sitzt, vom Regen gantz verschlossen,
Der Sonnen aufgedeckt, die Tochter neben ihr,
Der Kammer-Katzen drey, sechs Rappen oder vier.
Imgleichen meld ich nicht von kleinen Polster-Hunden
Vom Schminck und Puder-Haar, von Pflastern ohne Wunden,
Von aller Kleider-Pracht. Ich ziehe nicht herfür
Das Marmor-steinern Hauß, die Riegel-feste Thür,
Das Gips und Bilderwerck, die Teppich an den Wänden
Und was nach fremder Art mit nicht gemeinen Händen
Ist künstlich ausgeführt, was der gemeine Mann
Nicht, als mit ofnem Maul und Wunder sehen kan.
Wer aber mit Vernunft das Dockenwerck beschauet,
Und nicht den Augen nur in solchem Handel trauet:
Wer neben dieser Pracht auch mercket die Gefahr,
Und nimmt so manchen Fall des hohen Glückes war,
Dem kommt ein Schrecken an; gleichwie wir furchtsam stehen,
Und auf den hohen Thurm den kühnen Decker sehen.
Nicht einer klimmt ihm nach, wir dancken GOtt allein,
Daß wir der Erden nah und an dem Boden seyn.
Als Rom zur Dienstbarkeit sich nunmehr schon bekannte
Und ehrte seinen Herrn, der sich von Tiber nannte,
Da herrschte neben ihm der mächtige Sejan
Fast seinem Kayser gleich, war niemand unterthan.
Sejan ward hoch geehrt. Sejan ward angebeten.
Die Grössesten der Stadt durft er mit Füssen treten.
Er war des Glückes Sohn, für allen hoch gestellt,
Sejan, des Kaysers Freund, das nechste Haupt der Welt.

Sejan that was er wolt, es war kein Widersprechen.
Wer ihm gefiel, der kont den besten Mann ausstechen.
Er theilte Aemter aus. Er setzte auf und ab.
Er schenckte wem er wolt den schwancken Reben-Stab.
Gab Regimenter weg. Er theilte die Vogteyen
Den Land-Verwaltern aus. Es muste dis anscheuen
Der Römer gantze Rath. Diß wehrte seine Zeit.
Biß das von Capreis ein heimlicher Bescheid
Ward in die Stadt gesandt. Sejan war schon verrathen.
Sejanus war verdammt, weiß nicht um was für Thaten.
Man sagte daß er selbst dem Kayser nachgestellt,
Die That war ungewiß. Das Urtheil war gefällt.
Sejanus Bildniß ward vom Hencker abgerissen.
Sejanus ward geschleift, getreten mit den Füssen,
Gehönet, angespeyt, zur Tiber hingebracht.
Diß war der letzte Lohn, die Endschaft seiner Macht.
Hie siehest du, mein Freund, wie auf des Glückes Spitzen,
Auch in dem höchsten Staat, so fährlich ist zu sitzen,
Wie grosser Herren-Gunst so plötzlich bald zerbricht,
Wie leicht ein böser Wurm den grossen Kürbis sticht.
Ich sage von dem Neid: Bevorab so die Herren,
Wenn ein Verläumder spricht, die Ohren weit aufsperren,

Dem Argwohn unterthan, als nach Tyrannen Art;
So ist kein Biedermann bey ihnen lang verwahrt.
Sie fallen plötzlich zu. Kaum ist ein Wort gesprochen;
Es ist sobald geglaubt. Der Stecken ist gebrochen.
Die Unschuld ist in Noth, ja um den Halß gebracht;
Indem der Neider steht und in das Fäustgen lacht.
Ich such das vorig Pfad, davon ich abgegangen
Und sag, daß mancher wünscht mit äusserstem Verlangen,
Was ihm nur schädlich ist, und daß er solches thut,
Dieweil er nicht erkennt, was böß ist oder gut.
Wer aber mit Verstand will für die Seinen sorgen,

Der hält sie dahin nur, daß sie vom frühen Morgen

Biß in die späte Nacht in Büchern emsig seyn,
Bevorab an dem Ort, wo Griechisch und Latein
Aus allen Fenstern raucht, wo Priscian regieret,
Wo ein Orbilius den Bircken-Scepter führet,
Biß daß der iunge Herr schon seinem Dünckel traut,
Und den Palemon selbst mit lautrem Trutz anschaut.
Denn schicket man ihn fort auf hohe Fürsten-Schulen,
Um Kunst und Wissenschaft mit rechtem Ernst zu buhlen,
Zu lernen in der Zeit, womit er wie ein Mann
Bevorab GOtt der Welt, und ihm selbst dienen kan.
Und dieses ist der Ort, wo sich die Jugend übet,
Wo einer GOttes Wort, das hoh Geheimniß liebet:
Ein ander thut das sein, erforschet Tag und Nacht
Was vom Justinian zusammen ist gebracht.
Ein ander, wie es geht, wird von Natur getrieben,
Zu lernen was Galen und Celsus vorgeschrieben.
Ein Theil geht bey der Nacht, will aus den Sternen sehn,
Was über fünfzig Jahr und ferner soll geschehn,
Wiewol es etwan fehlt. Ein ander hat sein Leben
Dem klugen Stagirit und seiner Lehr ergeben.
Ein ander rechnet aus der Winckel Maaß und Zahl
Und sucht den Mittelstrich mit einem spitzen Stahl.
Ein ander und mit ihm der allermeiste Hauffen
Will sich mit aller Macht zu einem Doctor sauffen,
Beut allen Helden trutz. Wer nicht bescheiden thut.
Dem greift er mit der Faust, wie billig, auf den Hut.
Da müssen Gläser, Feur, Taback und Pfeiffen springen.
Des Morgens fordert er dem Feind für seine Klingen.
Heraus, du Hund! Heraus! Versucht denn in der That
All was ihm Maistre Alard für Kunst gezeiget hat
In einem gantzen Jahr. Der ander kan nicht weichen,
Muß mit den Narren fort. Nach vielen blinden Streichen
Wird einem ungefehr die Nas ein wenig wund;
Da sauft man wiederum auf einen neuen Bund.

Ein ander hat den Ruhm, daß er in allen Schmäusen,
Sich der Penäle Feind und Geissel will erweisen,

Theilt Nasenstieber aus, schlägt einen Landesmann,
Der etwa dreymal mehr, als er, versteht und kan.
Ein ander läst sich wohl sammt dreyen gar versperren
Und kürtzet seine Zeit mit hochgebohrnen Herren,
Bringt ohne Zauberey in einem Schlaf-Gemach
Den Cäsar, Hector, Carl und David vor den Tag,
Setzt Geld und Bücher auf bey einer freyen Zechen,
Darf wol den guten Pabst mit einem Bauren stechen,
Des Bannes ungeacht. Der Knecht Cyprin Roman
Schlägt seines Herren Weib. Ein ander gibt sich an
Bey Meister Firlefantz, lernt springen nach der Geigen.
Bald hat er seine Lust aufs höltzern Pferd zu steigen,
Bald muß das Messer her, versuchet wie ein Ey,
Ein Haas, ein Reh, ein Huhn, ein Fisch zu theilen sey.
Ein stiller Schleich-ins-Hauß hält sich zu Jungfer Käten,
Kommt oftmals ihr zu Dienst in finstern angetreten,
Stimmt seine Lauten an, erhebet nach der Kunst
Der Schönheit höchsten Preiß, und seines Hertzens-Brunst.
So geht es dorten her. So pfleget mans zu treiben.
Der Vater wundert sich, wo doch das Geld mag bleiben,
Das er dem Bothen gibt. Doch Lieb und Hofnung macht,
Daß alle Rechnung nicht so eben wird bedacht.
Dem Alten länget nur. Er wartet alle Tage,
Daß sein Phidippus auch das roth Paretlein trage,
Daß er in kurtzer Zeit für Meister mag bestehn,
Für allen seyn geschickt mit Künsten wol versehn,
Für allen tüchtig sey der gantzen Stadt zu nützen,
Die Unschuld für Gewalt und falsches Recht zu schützen,
Ja daß er mit der Zeit mag kommen in den Rath,
Da mancher viel Verstand und Witz vonnöthen hat.
Nun ist ja freylich wahr, daß hie auf dieser Erden
Mag nichtes seligers von GOtt gewünschet werden,

Als Wissenschaft und Kunst, wofern diß grosse Gut
Fält auf ein frommes Hertz. Wo aber stoltzer Muth,
Wo Fürwitz und der Geitz sich bey Gelehrten finden,
Da bleibt das Böse nur, das Gute muß verschwinden.
Wie wäre Müh und Zeit viel besser angewandt,
Wenn mancher weder Buch noch Buchstab hätt erkannt!
Wenn selbst Demosthenes den Stahl hätt angehitzet
Und, wie sein Vater that, beym Schmiedebalg geschwitzet,
Da er zur Schulen gieng: Er hätt ihm selber nicht
Sammt vielen tausenden solch Unglück angericht.
Obgleich der Tullius ist gen Athen gekommen,
Und hat der Zungen Ruhm den Griechen abgenommen;
Welch Vortheil war dabey? Es gieng ihm ebenfalls
Gleichwie des Schmiedes-Sohn. Das Maul zerbrach den Halß.
Wie mancher will der Schrift Geheimniß wohl erwegen,
Vielmehr als andre sehn, die Ketzer widerlegen,
Vertiefet sich sofern, wenn ihn der Fürwitz treibt,
Daß er dem Pabst so viel als einem Luther gläubt,
Dem Zwingel nicht vielmehr, will alle Ding ergründen,

Und je er weiter sucht, je mehr ist nichts zu finden.
Zulezt verwirft ers gar, und bleibt ein Lucian
Der es mit keinem hält, und nichts als zweiffeln kan.
Und wie, wenn gute Lehr und ungeschicktes Leben
Wie leider oft geschicht, einander widerstreben?
Wenn einer auf den Trunck mit grossem Eifer schmäht,
Und selber mehrentheils in vollem Sause geht;
Ermahnet, wie man soll den Zorn und Rache meiden,
Und ist so wunder zart, daß er kein Wort kan leiden;
Spricht wie man stoltzen Sinn und Hoffart fliehen soll,
Und ist bis übers Maul desselben Lasters voll?
Wie reimet sichs für GOtt, verzeih mir, daß ich frage,
Ein Paulus auf dem Stuhl, ein Stocknarr im Gelage?
Wo nicht des Priesters That sich reimet mit der Lehr,
Er schreie Jahren lang; Man glaubt ihm nimmermehr.

Ist Jemand Welt-gelahrt, der Rechten wie geflissen,
In Räncken abgeführt, und träget sein Gewissen
Um Geld und Gaben feil, hat nichts als Vortheil lieb;
Was kan er anders seyn als ein vermumter Dieb?
Kommt er bey Fürsten auf; Was weiß er nicht zu finden,
Das arme Bürger-Volck biß auf den Grad zu schinden?
Macht alles mit Gewalt und Listen unterthan
Und streicht der Dienstbarkeit die schönsten Farben an.
Hat sich ein rauher Mensch zur Artzeney begeben;
Er läst den krancken Mann nicht lang in Schmertzen leben.
Will er kein gut mehr thun; So bringt er ihn zur Ruh,
Gibt ihm den lezten Trunck, und nimmt das Geld dazu.
Hat aber Jemand gar der Plauder-Kunst geschworen
Und ist wie von Natur zum Streiten nur gebohren,
Ein steifer Haberecht, in allen Stricken schnell,
Der nichts im Munde führt als seinen Zabarell,
Und Meister Wandersmann, der nie sich läst bedeuten,
Gibt kein gewonnen Spiel, hat Lieb und Lust zu streiten;
Ein solcher macht sich selbst bey Jedermann verhast
Und ist auf teutsch ein Narr, auf Griechisch ein Phantast.
Wie manchen hat so gar der Dünckel eingenommen,
Daß er auch bey ihm selbst nicht kan zu Schlusse kommen:
Welch Ansehn, welcher Dienst, welch Leben, welcher Stand
Nur seiner würdig sey. Das gantze weite Land
Hat einen Kantzler nur; Sonst wär es wohl ein Fressen.
In einer Priester-Zunft gantz oben angesessen,
Ein Probst, ein Bischof seyn in einem gantzen Stift,
Das ist ein selten Glück und das nur einen trift.
In einem Dorfe stehn, die Bauren-Kirche füllen,
Das kan ein ieder thun, der eine gute Brillen
Zu seinem Schultzen hat, ein Veix, ein Mennonist,
Der heute kaum getauft und Lehrer worden ist.
So laß denn deine Kunst in guten Schulen hören.
Was? Ich? Ein Schulfuchs? Ich? Solt ich die Knaben lehren?

Ein Brillenpaucker seyn? Der Bürger Schmach und Fluch?
So wolt ich daß der Blitz den Aristotel schlug.
Hab ich zu solchem End in meinen iungen Tagen
Bey hellem Sonnenschein die Fackel müssen tragen,
Den Schmäusern eingeschenckt, die Backen groß gemacht,
So manches Maul gestillt, gedient so manche Nacht?
So spricht Herr Dünckel groß. In solchen hohen Sinnen
Verbleibt er wie er ist, weiß nichtes zu beginnen,
Kriegt endlich einen Freund, besucht ein fremdes Land,
Und singt das alte Lied, den Thüren wohl bekannt:
Sit nomen Domini: Der Herr hat einen Becher:
Der Wirth der ist ein Schelm, er borget keinem Zecher;
Von der Fortun werd ich, werd ich getrieben um;
Wilt du, mein edles Lieb, wilt du mit mir, so kumm.
Da geht der theure Mann; Die Hosen sind zerrissen
Er löschet wohl den Durst, thut aber schmale Bissen.
Ein lahmer Schuster hat von einer Kunst sein Brodt.
Der Siebenkünstler geht und leidet Hungers-Noth.
Ich wolte weiter hin zu andern Sachen treten,
Da sprach ein Freund zu mir: Wo bleiben die Poeten,
Das fromm und ehrlich Volck? Ich sagte rund und rein:
Wer fromm und ehrlich ist, der kan kein Schelm nicht seyn.
Wenn aber ein Poet nur mit der Saue läutet,
Und gern auf schändlich Ding mit groben Possen deutet;
Wenn seine gantze Schrift nach bösem Leumuth schmeckt;
Wenn er geheime Schmach der gantzen Welt entdeckt;
Wenn seiner Feder Ruhm besteht in solchen Sachen,
Daß er mit bitterm Schertz nur andre schwartz will machen;
Ein solcher Mann ist wehrt zu tragen einen Krantz,
Anstatt des Lorbeer-Zweigs, von einem Kalber-Schwantz.
Zulezt. Wer GOttes Geist in Demuth nicht ersuchet,
Der ist mit aller Kunst und Wissenschaft verfluchet,
Strebt nur nach eitlem Ruhm, und (das der höchste Stich
Der lautern Thorheit ist) liebt Niemand mehr als sich.

So viel als Köpfe seyn; so viel sind auch der Sinnen.
Ein hitziges Geblüt läst keine Müh zerrinnen,
Macht sich der Welt bekannt durch einen Helden-Muth,
Durch eine tapfre Faust, durch Kriege, Mord und Blut.
Es ist sein höchste Lust, wenn Dörfer, Städt und Flecken
Für seinem Namen nur als für die Pest erschrecken:
Wenn ein bedrängtes Volck, ein Reich, ein gantzes Land,
Wie lang es stehen soll, steht blos in seiner Hand;
Wenn unter seiner Macht sich Fürsten müssen beugen:
Wenn er auch Gunst und Glimpf mag Königen erzeigen:
Wenn sein berühmter Nam durch alle Völcker geht,
In allen Zeitungen Sennor Spavento steht.
Nun aber ist ein GOtt, der diß und alles siehet
Und ohne dessen Winck auf Erden nichts geschiehet.
Nach seinem Willen geht das Schauspiel dieser Welt.
Er schaft es wieder ab, so bald es ihm gefällt.
Es sind wohl andre mehr so hoch empor gekommen,

Und haben, ach wie bald? so plötzlich abgenommen.
Wie spielt die höchste Macht so heimlich alle Ding,
Als ob sie nirgend wär, und legt den Nasen-Ring
Den wilden Leuen an! Wie kan ein Mensch sich streuben,
Und will die gantze Welt mit einer Faust zerreiben,
Kennt seinen Führer nicht; da doch der stoltze Gast,
Wie groß und hoch er ist, nur träget seine Last,
Gleichwie des Müllers Thier! Nach etwa wenig Tagen,
So hat er wenig mehr, vielleicht wohl nichts zu sagen.
Wer war der grosse Held, den Tyrus Gräntze trug,
Der sechsig tausend Mann der besten Römer schlug
In einem Treffen nur? Die Alpen musten weichen,
Biß er das Welsche Land durch Siegen kont erreichen.
Welch Schrecken bracht er mit! Das Wörtlein, Hannibal!
Das war dem gantzen Rom ein rechter Donnerknall.
Wie grimmig sah er aus? Anstatt der Roß und Wagen
Must diesen Polyphem ein Elephant forttragen.

Drauf saß diß Ungeheur, sah um sich nah und fern
Mit einem Auge nur, als wie ein Unglücks-Stern,
Der nichts als Blut und Mord dem gantzen Lande bringet.
Was aber trägt sich zu? Wie dieser Welschland zwinget;
So thut ein Held aus Rom den Africanern auch,
Und sezt das gantze Land in lauter Feur und Rauch,
Macht nieder was er kan, der Römer Schimpf zu rächen,
Geht auf Karthago zu, läst Stein und Mauren brechen.
Hie wird der Hannibal in grosser Eil beschickt,
Der über Halß und Kopf aus Welschland wieder rückt
Die hochbedrengte Stadt sein Vaterland zu retten,
Wird aber von der Macht des Feindes untertreten,
Geschlagen, aufgeräumt, biß daß der grosse Held
Fein heimlich aus der Stadt sich gibt ins Haasen-Feld;
Sucht endlich seinen Schutz beym Syrer und Bithinen,
Will gern um guten Sold, ein schlechter Hauptmann, dienen,
Biß er zu allerlezt durch den geschmierten Ring
Den selbst-erwehlten Tod, das lezte Lohn empfing.
Philippen grosser Sohn, war noch nicht halb vergnüget;
Ob er die gantze Welt fast hatte durchgesieget,
Biß daß der Zwingeland kam in die Ziegelstadt,
Da ihn ein enger Sarg zulezt beschlossen hat.
Wie giengs dem Kürbis-Kopf, der mit dem grossen Haufen
Und seiner Krieges-Macht die Ströme wolt aussaufen,
Der das gewaltig Meer mit Ruthen hauen ließ,
(Mich wundert daß er ihm kein Brandmahl geben hieß,)
Der Amphitriten selbst die Ketten wolt anlegen,
Gebieten, daß kein Wind sich feindlich solte regen?
Wie lief es endlich aus? O Stoltz! O eitle Pracht!
In einem Fischer-Kahn ward er davon gebracht,
Und war des Lebens froh, ließ seine Schwimmer sincken
Genöthigt von Neptun mit grossen starcken Trüncken,
Von Wasser und von Blut, biß ihm sein eigner Knecht
Zu allerlezten gab das unverhofte Recht.

Wie mächtig war auch der, der Perser, Gothen, Wenden,
Neapolis und Rom bezwang mit eignen Händen,
Der grosse Belisar? Dem weder Krieg noch Streit
Hat iemals obgesiegt, wird durch den schlimmen Neid
So schändlich abgelohnt. Dem Niemand abgebrochen,
Dem hat ein falsches Maul die Augen ausgestochen,
Geht seinem Leiter nach, sucht endlich in der Noth
Ein Schärflein Kupfer-Geld, nimmt wol ein Stücklein Brodt.
Was aber darf ich noch die alte Mähr erzählen,
Als ob es unsrer Zeit an Thorheit solte fehlen?
Man seh den Trutz und Blitz, den falschen Friedland, an
Den Schrecken Teutsches Orts, den ungeheuren Mann,
Der täglich siebenmahl, ohn einiges Bedencken,
Ein fertigs Urtheil sprach: Laß fort die Bestie hencken!
Der Galgen war sein Spiel, that sonsten wenig mehr,
Als ob ein armer Mensch ein Pickelhering wär.
Ich halte warlich nicht, daß dieser Wütrich wuste,
Daß er auch menschlich war, und daß er sterben muste,
Biß daß man endlich ihm zu Eger in der Nacht
Mit einer Partisan den lezten Schlaf-Trunck bracht.
Diß ist des Glückes Schertz. So pflegt es zu erheben
Und endlich einen Stoß mit starcker Faust zu geben.
Ein solcher Würge-Halß und blutiger Tyrann
Kommt selten ohne Blut zu Ceres Tochtermann.
Wer wolte nun den Staat so übergrosser Ehren,
Die wanckelbahre Pracht, ihm wünschen und begehren,
Und suchen nicht vielmehr den sichern Mittelstand,
Der einmal Gut und Böß vernünftig hat erkannt?
Nun ist für kurzer Zeit ein Possen mir geschehen.
Ein alt gekrümtes Weib kam zitternd zu mir gehen,
Und bat ein Blechlein Geld. Ich gab ihr gantzer vier.
Ach wie voll Freuden war das alte Knochen-Thier.
GOtt laß euch, sprach das Weib, noch hundert Jahr erleben,
Und mir so mannigmal so reichlich wieder geben.

Ich lachte bey mir selbst, daß dieses Haut und Bein
Der langen Jammer-Zeit nicht solte müde seyn.
Wenn aber ich der Welt gemeinen Sinn bedencke;
Wer wünscht nicht daß ihm GOtt ein hohes Alter schencke?
Hat Jemand einen Sohn, hat Jemand einen Freund,
Dem er das Beste gönt und recht mit Treuen meint:
Er wünschet, daß er mag den Nestor übergehen
An langer Lebens-Zeit, die Hirsche sammt den Krähen.
Da wird nicht nachgedacht, noch klüglich überlegt:
Welch eine schwere Last der schwache Puckel trägt,
Welch Elend, welchen Spott. Man sieht die magre Wangen,
Die wie ein dürres Fell gleich einer Taschen hangen,
Wie meine pflegt zu seyn, damit ich keinen Mann
Wie böß ich immer bin, ein Aug auswerffen kan.
Die Zähne taugen nicht die Krumen mehr zu beißen;
Wo sonsten, drey allein auch können Zähne heißen.
Und eben diese Zahl ist leichtlich ausgerückt;

Er fürchtet, daß er sie zusammt der Papp einschlückt.
Die Augen starren ihm, sind immer trüb und feuchte
Und scheinen wie ein Horn in einer duncklen Leuchte.
Er höret kaum ein Wort, wo du nicht zu ihm gehst,
Und ihm mit lauter Stimm recht in die Ohren bläst.
Die Hände beben ihm, kan kaum die Nössel finden
So oft ihm nöthig ist die Hosen aufzubinden.
Geschweige, daß er sonst nicht gar ist hinterfest
Und oftmals ungespannt die Ader springen läst.
Von Venus Reuterdienst kan Grimmbardt nicht mehr wissen.
Das Rätzel Oedipi kreucht fort auf dreyen Füssen
Wird oftmals nicht gewahr, wie feist die Nase sey,
Frist, wie ein kleines Kind, den Rotz zusammt dem Brey.
Und ob ein Alter gleich noch wär bey guten Kräften,
Geschickt zu Rath und That und ehrlichen Geschäften;
Was muß er manches Kreutz, was muß er Unglück sehn!
Wie manche Thränen-Fluth muß durch die Augen gehn!

Bald wird das gantze Land in Krieg und Mord gesetzet,
Geplündert, ausgeheert, biß auf das Hembd geschätzet.
Denn folget theure Zeit, denn schwere Hungers-Noth.
Zwey Brüder schlagen sich nur um ein Bißlein Brodt.
Bald kommt der Würgemann, der bleiche Tod, gelaufen,
Und nimmt die Menschen hin bey ungezehlten Haufen,
Sieht nicht, wer groß, wer klein, wer arm ist oder reich.
In allen Ecken liegt ein unbegrabnes Leich.
Bald wird ein liebes Kind zur Erden hingetragen,
Und das nicht einmal nur in so viel Jahr und Tagen,
Denn auch das fünfte Weib. Bald kommt ein neues an,
Die Tochter kriegt ein Kind, wird Mutter ohne Mann.
Bald kommt ein Feuers-Brunst, bald schwere Leibes-Seuchen.
Im gantzen Haus ist nichts als Stehnen oder Keichen.
Bald bricht ein schlauer Dieb durchs Fenster oder Wand.
Bald geht ein Schuldner durch, und sucht ein fremdes Land.
Und wer kan alle Müh und Jammer doch aussprechen?
Des Unglücks ist so viel als Teutschen in den Zechen,
Als Hasen in dem Busch, als Prahler ohne Muth,
Als Huren ungedeckt, als Junckern ohne Gut,
So viel als Mohrenland hat Kokernüß und Affen,
Als Heuchler sind zu Rom und kahlgeschorne Pfaffen,
Als Mücken in der Luft, zu Hofe falsche Ehr,
Als Titel ohne Grund und sonsten nichtes mehr,
So viel als Löcher sind in einem härnen Siebe,
Als Schneider zu Paris, als auf der Mühlen Diebe,
Als England gute Schaaf, als Schweden Steine trägt,
Als Lieschen schwartze Flöh mit beyden Daumen schlägt,
So viel als Härlein seyn in einer Zoblen-Mützen,
Als Sperling in dem Lentz, als Frösch in allen Pfützen,
Als Köpfe sonder Hirn, als Tropfen in dem Rhein,
Als Flüche bey dem Spiel, als Narren bey dem Wein.
Das zarte Weiber Volck pflegt insgemein zu bitten,

Um Schönheit der Gestalt und Höflichkeit der Sitten.

Wie bäumt die Mutter sich, wenn man sie selig heist,
Und ihre Treflichkeit auch an der Tochter preist?
Und warum nicht? spricht sie. Latona trägt Gefallen,
Weil ihre Cynthia die Schönste ist für allen,
Weil kaum die Venus selbst den hohen Ruhm erreicht,
Weil all was himmlisch ist nur ihrer Schönheit weicht.
Wie denn das liebe Volck gar leichtlich alles gläubet,
Ob schon der Buhler schertzt und seinen Spott nur treibet,
Ob schon er ieglich Haar von lauterm Golde nimmt,
Und in dem eitlem Ruhm die Wahrheit überstimmt:
Spricht, daß die zarte Haut sey nicht zu unterscheiden
Vom schönsten Helfenbein und von der weissen Kreiden,
Daß ihrer Wangen Roth und Purpur-farbne Pracht
Der Garten höchsten Ruhm, die Rosen, schaamroth macht;
Daß ihrer Augen-Glantz die Sternen übergehet,
Daß Phöbus nicht so klar im heissen Sommer stehet,
Daß der Korallen Blut nicht sey den Lippen gleich,
Und daß der süsse Mund sey Zimmetrinden reich.
Es wird ein ieglich Wort als weiß und klug erhoben,
Daran mit Wahrheit doch nicht sonders ist zu loben.
Die lauter Eitelkeit, der lange Plaudertant
Wird nach der Schmeichel-Kunst Beredsamkeit genannt.
Nun setz ich diesen Fall. Es sey in allen Dingen
So überflüßig gut, als diese Vögel singen.
Die Jungfrau sey so schön, ein Wunder ihrer Zeit,
Ein Ruhm der gantzen Stadt, und aller Augen Neid,
Von Funftzigen bedient. Diß sind nur solche Sachen
Die eine Jngfrau stoltz und übermüthig machen.
Sie wird der Arbeit feind, der Tugend wird sie gramm,
Liebt nichts als Müßiggang, als Spiegel, Pfriem und Kamm,
Geht den Gedancken nach, biß sie sich gantz ergeben,
Und kan nicht ruhig mehr ohn ihren Diener leben.
Wenn alle Welt noch schläft; so lieget sie und wacht,
Läst wohl den Dieb ins Hauß zu stiller Mitternacht,

Da Lieb und Finsterniß zu aller Schande rathen,
Biß daß die böse Lust bricht aus in böse Thaten.
Denn dieses Sprichwort ist so wahr als auch gemein:
Daß Schönheit, Ehr und Zucht nicht oft beysammen seyn;
Und ob es möglich ist, daß sie beysammen wären,
Wie denn geschehen kan; So wird doch ihrer Ehren
Am meisten nachgestellt. Des Collatinus Weib
Hat nichts zu Fall gebracht, als nur ihr schöner Leib,
Wie züchtig sie auch war. Man hat viel tausend Räncke.
Durch eine schöne Magd, durch Gaben und Geschencke,
Wird manche Nacht gekauft. Bald steckt ein geiler Bock,
Ein iunger Clodius, in einem Frauen-Rock.
Wär auch die Tyndaris der Ausbund aller Schönen
Vor diesem nicht gewest; sie wäre von Myzenen

So leichtlich nicht entführt, das Waffen-schwangre Pferd
Das hätte Troja nicht so elend umgekehrt.
So gar ist alles das, wornach die Menschen trachten,
Ihr Wünschen ihr Gebet, fast für ein Fluch zu achten.
So gar sind wir verkehrt, an Willen, Hertz und Muth.
So gar verstehn wir nicht was böß sey oder gut.
Wie soll man denn, sprichst du, für GOtt dem Höchsten treten?

Wie soll man, sage mir, und warum soll man beten?
Dafern du Rath begehrst; So bitte das allein,
Was er, der höchste GOTT, vermeinet gut zu seyn.
Er weiß es, was dir dient. Er meinet dich mit Treuen,
Er schencket, was dir nun und nimmer mag gereuen,
Kein Mensch ist selber ihm so freundlich zugethan,
Als er, der höchste GOtt, der alles weiß und kan.
Wilt du denn, daß ich dir was sonderlichs beschreibe:
So bitt ein frommes Hertz in einem frischen Leibe,
Ein Hertz, das alles nicht auf Galg und Rad hinwagt,
Doch auch in keinem Fall des Unglücks gantz verzagt,
Ein Hertz von böser Lust und Bitterkeit befreyet,
Das nicht so balde zürnt, als auf der That verzeihet,

Ein Hertz der Hoffart feind, das sich zuvor erkennt,
Eh es den Köhler schwartz, den Sünder Bube nennt,
Ein Hertz das allezeit und sorglich ist geflissen
Zu tragen für der Welt und GOtt ein gut Gewissen,
Der Seelen edlen Schatz, den Auszug aller Freud,
Der vielmahls übertrift der Wollust Eitelkeit,
Woraus die wahre Ruh und Freudigkeit entstehet,
Daß einer seinem Todt getrost entgegen gehet,
Folgt dem Verhängniß gern, ist fertig auf ein Wort.
Denn wer sich lange sperrt muß eben wohl doch fort.
Will denn des Himmels-Gunst dir auch ein langes Leben,
Ja Reichthum, Macht und Pracht, Verstand und Schönheit geben:
So nimm es auch verlieb. Nur meide stoltzen Muth.
Ist nur das Hertz nicht böß; so ist es alles gut.

Siebende Satyre
Der Freund.

Für alten Zeiten schon, der niemand mag gedencken
Als die Poeten nur, die keine Wahrheit kräncken,
Wo sie zunah nicht kommt; Als Opis saß und spann,
Der Hoheit ungeacht; Als Cronius ihr Mann,
Der Ober-Sternen-Fürst, des Reiches Scepter hielte;
Als Venus, Mägdlein, noch mit Kinder-Docken spielte;
Als Juno Jungfrau war; Als Jupiter, ein Kind,
Nicht wuste was der Knecht mit einer Magd begint;
Als noch kein Fichten-Baum auf See und Wasser schwebte;
Als noch die erste Welt in reicher Armuth lebte,

Genoß der Erden-Frucht, und gieng den Eicheln nach;
Als Vieh und Hirte noch auf einer Streue lag;
Als man vor Krieg und Mord sich noch nicht schützen muste;
Als noch die güldne Zeit von keinem Golde wuste;
Als noch kein Geitz nicht war, kein Dieb brach durch die Wand,
Dieweil er weder Geld noch Hängens-würdig fand;
Als Purpur, Seid und Sammt noch keinen Schneider deckte;
Als sich ein Ehren-Mann in rauche Fell versteckte;
Als Wasser war für Wein, die Hand ein fertigs Glaß;
Als man für Zucker-Brodt noch Lauch und Zwiebeln aß;
Zu der Zeit, oder nie, mag wahre Lieb und Treue
Bey Menschen seyn geübt. Ich sag es ohne Scheue,
Zu der Zeit ist vielleicht Pirithous gewest,
Und Theseus, sein Gesell, der Pilad und Orest.
Zu der Zeit hat die Zucht und ehrliches Gemüthe
Mehr Lieb und Treu erweckt, als itzo das Geblüthe
Bey vollen Brüdern thut. Ein schlechter Mund-Bescheid
War damals mehr geacht als itzo Schrift und Eid.
Itzunder ist ein Freund ein seltsam Ding auf Erden,
Ein solcher theurer Schatz, der nicht geschätzt mag werden,
Ein Nachtigal im Herbst, ein edler Diamant,
Ein Phönix in der Luft, nur wenigen bekannt.
Ich sage solch ein Freund, auf den ich fest mag bauen,
Und in geheimer Noth mich sicher anvertrauen,
Der nicht aus falschem Sinn geschmierte Worte gibt,
Nicht mit der Zungen nur und nach der Kunst mich liebt,
Der in der Noth mich kennt, nicht aus dem Spiel sich drehet,
Sobald ein Unglücks-Sturm und trübes Lüftlein wehet,
Der meinen Zustand nicht so gar verächtlich hält,
Weil ich, GOtt Lob und Danck! mehr Bücher zehl als Geld,
Der meine Thorheit nicht zu lauter Tugend machet,
So lang er bey mir ist, und hintern Rücken lachet,
Der wie ein Freund mich schlägt, spart des Ermahnens nicht,
Doch einem Lästerer mit Eifer widerspricht,

Entschuldigt einen Fall, der mit Verdruß anhöret
Wenn des Verleumders Maul ein That und Wort verkehret,

Der mit der Wohlthat nicht Gewerb und Handel treibt
Nicht alle Mahlzeit fort in den Calender schreibt,
Der nicht ein grössers hoft, in dem er was verehret,
Nicht einen Hasen schenckt, und eine Kuh begehret,
Der nicht durch einen Schmauß nur sucht was ihn ergötzt,
Nicht einen Gast zum Schimpf an seine Tafel setzt,
Den er mit einen Trunck will gar zum Narren kaufen,
Daß er auf sein Befehl muß drey aus einem saufen,
Muß manches schimpflichs Wort durchs Hertz hinlassen gehn,
Darf nicht einmal dazu recht ernst und sauer sehn,
Muß schelten, was er schilt, muß rühmen, was er lobet,
Muß lügen, wann er leugt, muß rasen, wann er tobet,
Muß immer seyn bereit, muß wissen am Gesicht,
Was mein Herr Trutzebardt will haben oder nicht.
Gleichwie der Teufel selbst ein Engel ist zu nennen;
So magst du diesen auch für einen Freund erkennen.
Verstehst du es an ihm mit einem Wort allein;
So wird er äusserlich gleichwie von innen seyn,
Wird sprechen: Was mag sich der Bettler endlich zeihen?
Ist das der Danck zulezt? Wer sich mit solchen Kleyen
Vermengt, der sudelt sich. Ja wüst er einen Mord;
Es müste bald heraus und von der Zunge fort.
Da wird ein jeder Trunck dir werden aufgerücket,
Da wirst du recht ihn sehn, gantz bloß und ungeschmücket,
Da wird des Hertzens-Grund recht kommen für den Tag
Und was das falsche Maul vorhin zu decken pflag.
Als ich vor langer Zeit erst in der Welt zu laufen
Und auf der hohen Schul begunte mit zu saufen,
Da stellten wir einmal ein frölich Leben an
Und ich, als Neuling noch, ließ fallen Krug und Kann.
Wir machtens alle gleich und wers nicht wolte treiben
Wie wir, der mocht ein Narr für sich alleine bleiben.

Nach guter Schwelger Art. Das erste Haupt-Gericht,
Das war Nicotian, dazu ein brennend Licht,
Drey Häuflein Zünd-Papier, zwey Dutzent lange Pfeiffen,
Davon ein jeder Gast ihm eine must ergreifen.
Der theure Mohren-Rauch belief den gantzen Saal.
Wir schwebten, anzusehn, im Nebel allzumahl.
Drauf ging das Römsche Reich fein sauber ausgeschwencket
Und auf den weißen Schaum biß oben voll geschencket
Mit aller Macht herum. Es theilten zwey und zwey
Den Humpen unter sich und soffen auf die Reih.
Indessen feirte doch nicht einer von den Zechern
Und spülten ihren Halß mit kleinen Tummel-Bechern,
Biß daß der Große kam. Zuweilen lief mit ein
Der klare Trauben-Saft, gewachsen an den Rhein,
Wir wir ohn unsern Danck den Schencker musten gläuben,
Und dulden noch dazu das unbarmhertzig Schreiben.
Doch alles geht wol hin, wenn nur kein Wein gebricht.
Ein guter Schlucker gibt um einen Thaler nicht.
Je mehr getruncken ward, je besser wolt es fließen.

Da fing man endlich an Gesundheit einzugießen.
Da war kein Potentat, kein König oder Furst,
Der nicht genennet ward, zu löschen unsern Durst,
Der schönen Schäferin doch gleichwol unvergessen,
Und woran jemand sonst zum Narren sich gefressen.
Da gieng es frölich fort. Wir spülten so den Schlund,
Biß daß der liebe Trunck das Hertz bracht in den Mund.
Bald kam mein Eschinus, ein Mann berühmter Thaten,
Ein Meister auf den Rost den Hering wol zu braten,
Zu pfeffern einen Topf, ein Pegel oder zwey
Zu gießen in den Halß, gleich wie ein frisches Ey.
Mein Rachel, hub er an, wiewol in wenig Tagen
Durch sonderbares Glück es sich hat zugetragen,
Daß wir an einen Tisch bekleiden eine Banck,
Genießen eines Brodts und trincken einen Tranck:

Doch hab ich das an ihm in kurtzer Zeit befunden,
Was meinen Sinn ihm hat, ich weiß nicht wie, verbunden.
Ich seh ein gut Gesicht, bequem zum Ernst und Schertz.
Ich hör ein freundlich Wort. Ich spühr ein redlich Hertz.
Nun diß und was ich sonst nicht weiter will berühren,
Dann ins Gesicht gelobt ist in der That vexieren,
Beweget mich dazu, wenn ich nicht zu gering
Und ungeachtet bin, daß ich ihm dieses bring
Auf gute Brüderschaft. Monsieur, er mag getrauen.
Ob mich das gute Glück nicht freundlich will anschauen,
Ob ich nicht reich, nicht schön, noch hochgebohren bin;
Doch hab ich ehrlich Blut und einen treuen Sinn.
Ich Narr, so gar entzückt von solcher süssen Pfeiffen,
Bedachte mich nicht lang den Vorschlag zu ergreiffen,
Gedachte, mancher sucht, was dir itzt wird beschert.
Ein Schatz der selbst sich find, der ist wohl nehmens werth.
Ich machte Gegen-Wort. Ich neigte mich zur Erden,
So gar, daß mir zu eng die Hosen wolten werden.
Ich sprach: Monsieur, Monsieur, (es war mir schon bewust,
Daß man mit diesem Wort alleine grüssen must.)
Wie komm ich doch dazu? Was ist an mir zu finden,
Daß er mit mir sich will so brüderlich verbinden?
Es wäre meinem Wunsch und Stande mehr gerecht,
Monsieur, wann er mich hieß nur Diener oder Knecht.
Ey was, sprach Eschinus, was soll doch das bedeuten?
Mein Thun besteht in Ernst, und nicht in Höflichkeiten.
Ist er zu mir gesinnt, wie ich zu ihme bin:
So knie er neben mir auf dieses Polster hin.
Drauf sezt er redlich an. Die andern Brüder alle,
Die sungen das runda mit großem Freuden-Schalle.
Er that nur einen Satz; Das Glaß war ausgemacht,
Und oben angefüllt mir in die Hand gebracht.
Ich that ihm eben gleich. Das war kaum durch den Kragen,
Da fing mein Eschinus noch ferner an zu sagen:

Mein auserwehlter Freund, mein Bruder, dieser Tag
Vergönnt mir, daß ich so zum ersten sagen mag.
Ich schwere dir bey dem, der in dem Himmel wohnet,
Der Meineyd und Betrug mit Pech und Schwefel lohnet:
Daß gegen dir mein Hertz in Treue soll bestehn,
So lange Sonn und Mond in stetem Wechsel gehn.
Wo nicht; so gebe GOtt, daß ich zur Höllen sincke,
Und daß ich Gall und Gift aus diesem Becher trincke.
Sieh da, es gilt drauf hin. Das halt und glaube nur,
Daß ich ein redlich Hertz in meinen Leibe fuhr.
Im Fall ich einen hör, der in Gelag und Zechen
Auf dich im gringsten nur ein schimpflich Wort darf sprechen,
Und ich nicht in den Tod sein Widersacher bin:
So schlag der Donner mich, der Teufel führ mich hin.
Er soll an mir ein Hertz, er soll ein Kerl verspühren,
So lang ich eine Faust und Fuchtel noch kan führen.
Zwar rühmen steht nicht fein, doch wenn ichs sagen soll,
Nur einer thut mirs nicht, der ander läst mich wohl.
Ich sprach: Ein solcher Freund, mein Bruder, wird mir nütze,
Der mich zu dieser Zeit, und meine Schwachheit schütze.
Ich hüte mich für Zanck. Ich meide die Gefahr.
Denn komm ich in das Spiel; So laß ich Haut und Haar.
Ich hab es zwar wohl eh mit Jemand dürfen wagen,
Doch hab ich nimmermehr mit Vortheil mich geschlagen.
Das hat mich scheu gemacht zu kommen in den Streit.
Wer meine Freundschaft sucht, der findet mich bereit.
Der Rede ward gelacht. Ich hatte kaum geschwiegen;
Da kam ein Sturm auf mich von sieben vollen Krügen
Doch nicht gar grosser Art: Da half kein Bitten vor.
Es hieß, wer nicht mehr kan, der leg sich auf ein Ohr.
Sobald ich diese Last gezwungen durch den Kragen;
Da fühlt ich einen Lerm und Aufruhr in dem Magen.
Ich lief zur Stub hinaus, gab alles wieder dar
Und ließ mit Freuden gehn, was nicht zu halten war.

Diß merckte das Gelag. Da ward ein Triumphiren.
Da ging das Jauchtzen an. Der Hals gieng aus den Schnüren.
Ich, wiewol satt und voll, gieng wiederum hinein,
Sprach nicht ein einigs Wort, erstarret wie ein Stein,
Halb wachend, halb im Schlaf. Mein Bruder kam gelaufen,
Mein liebster Eschinus, noch eins mir zu zu saufen.
Er grif mich bey den Arm, er stieß, er rückte mich,
Und sprach, wie, sizest du, du Hundsfott gleich wie ich?
Ich, wie mit Trunckenen fast übel ist zu schertzen,
Wie kaum ich mich besann, kont dieses nicht verschmertzen,
Sprach: Hör mein Eschinus, du magst seyn wer du wilt,
Es mag ein solcher seyn, der mich für einen schilt.
Kaum hatt ich diese Wort noch völlig ausgesprochen;
Er schlug mich ins Gesicht. Die Freundschaft war gebrochen.
Die Brüderschaft war aus. Ich wehrte mich so gut
Als dazumahl vermocht, und weil ein wenig Blut
Ihm aus der Nasen ran; Da fing er an zu fluchen,

Verschwur auch Leib und Seel: Er wolte Rache suchen:
Er wolt eh noch das Jahr zum Ende solte gehn,
Mich, einen todten Hund, für seinen Füssen sehn.
Ist das nicht bald verkehrt? In einer Viertel-Stunden,
So einen lieben Freund und argen Feind gefunden?
Wo bleibet Schwur und Eyd? Drum sag ich rund und frey,
Daß trunckne Brüderschaft gar selten redlich sey;
Wie hoch man sich verflucht. Ein Mund, der Wahrheit liebet,
Der sein Gewissen nicht mit Falschheit gern betrübet,
Bedarf des Schwerens nicht. Die lang Erfahrung zeugt,
Und hat gewissen Grund: Wer leichtlich schwert, der leugt.
Wenn lang gespürte Gunst die Seelen erst verbindet:
Wenn wolgereifte Treu ist auf Vernunft gegründet,
Und denn der milde Wein des Hertzens-Grund entdeckt,
So halt ich, daß er mehr Vertraulichkeit erweckt.
Wenn aber solche sich der Brüderschaft anmaßen;
So pflegt Beständigkeit auch ewig Platz zu faßen.

Das ist die rechte Treu, die mit Bestand sich übt.
Wer auf zu lieben hört, der hat noch nie geliebt.
Ein solcher Ehren-Mann wird auch in keine Wegen,
So groben Bauren-Schertz im Schein der Freundschaft pflegen,
Nicht rühren, was nur kränckt, nicht sagen, was verdreust.
Der ist ein arger Feind, der in dem Spielen beist
Nach Hund und Katzen-Art. Viel lieber will ich leben
Entäussert aller Zunft, und nimmer mich begeben
In solcher Freunde Zahl. Ob mich denn Niemand kennt;
So bleib ich zwar allein, doch gleichwohl ungeschändt.
Gedencke bey dir selbst: Kommt Jemand angegangen
Noch fremd und unbekannt; er wird gar wohl empfangen
Bescheidentlich gegrüst: Ein jeder steht gebückt:
Der Boden wird geschart: Der Hut wird oft gerückt;
Kein Heuchlen wird gespart: Kein Höflichkeit vergessen:
Die Titul werden ihm mit Scheffeln zugemeßen.
Sobald er aber sich durch einen guten Schmauß
Giebt in die Brüderschaft; ist Zucht und Tugend aus.
Kein ehrerbietig Wort wirst du forthin mehr hören.
Monsieur, Monsieur, mein Herr, wird in du du verkehren.
Ja was für Schmach und Spott man schertzend auf ihn schleust;
Er muß, wiewol es ihn, bis in die Seel verdreust
Dennoch zufrieden seyn, nicht zürnen oder weichen.
Anstatt des Compilments läst man wol einen streichen,
Der nicht nach Biesem reucht. Es kan für Schertz bestehn.
Was keinen Zollen gibt, das läst man frey ausgehn.
Wer sich mit solchen nährt, der muß sich des besinnen:
Ein Bruder oder Freund, der kan zu grob nicht spinnen.
Und was begehrst du mehr, wenn er auch zeugt auf sich,
Und spricht so raum heraus: Du Hundsfott gleich wie ich?
O du Cyklopen Art! Unflätige Gesellen!
Den Hirten bey dem Vieh, den Buben in den Ställen
Steht solches Schertzen an. Die Freundschaft sey verflucht,
Die mir zu Schimpf und Spott die lose Freyheit sucht.

Kein ehrliches Gemüth kan solche Weis ertragen,
Es sey denn daß er muß, im Fall er ungeschlagen
Will von der Stäte gehn. Denn weigert er den Trunck:
So hat er einen Krieg. Bin ich dir noch zu jung?
Spricht Juncker Leckermilch; so nimm was in den Fäusten
Und such wer Meister sey. Ich will dir Schul-Recht leisten.
Was bist du mehr als ich? Bin ich von einer Sau?
Ist meine Mutter nicht ein Ehren-wehrte Frau?
Was will ein redlichs Hertz in einer solchen Zeche
Und solchem Falle thun? Will er mit diesem Peche
Nicht übel seyn beschmuzt: So spricht er mit Bedacht,
Und nimmt die Brüderschaft, als wie sie wird gebracht.
Jedoch was will man viel von naßen Brüdern sagen?
Auch die, so zu der Welt nur ein Leib hat getragen,
Von einem Vater her, die einer Mutter Brust
Hat säugend aufgebracht, empfinden schlechte Lust
Und Liebe gegen sich. Es ist kein Neid auf Erden
Dem Brüderlichem gleich, wenn sie entrüstet werden.
Es lebt noch Cains Art, und Abel leidet Noth.
Der erste Bruder schlug ergrimmt den andern todt.
Es war das neue Rom mit Bruder Blut begoßen.
Der von der Wölfin hat die Mutter Treu genoßen,
Bringt seinen Bruder um. Des Atreus Gasterey
Bezeuget was der Zorn ergrimmter Brüder sey.
Nicht besser geht es zu bey Schwägern und Verwandten.
Man findet grösser Gunst bey fernen Unbekandten.
So lange bist du Freund, als dir kein Geld gebricht.
Begehrst du aber was; so kennet man dich nicht.
Und ob gleich die Natur das Hertz in etwas rühret
Und der Verwandschafts-Pflicht zu hinterdencken führet:
So löschet doch der Geitz, die Ehre oder Gut
Das heilig Füncklein aus und macht nur kaltes Blut.
Pompeg und Julius, der Auszug aller Helden,
Von derer Tapferkeit der Römer Schriften melden,

Die fingen ihre Gunst mit solchem Eifer an,
Daß iener Schwäher ward und dieser Tochtermann.
Hierzwischen kam der Neid, die Pest und Gift der Erden.
Es schien, der eine wolt zu groß dem andern werden.
Sie hätten alle Welt wohl unter sich gebracht;
Wenn immer leidlich wär ein zweygetheilte Macht.
Hieraus entstund ein Krieg, der in den großen Reichen
In kurtzen Zeiten gab viel hundert tausend Leichen,
Biß das der Cäsar sah Pompegus Haupt allein.
Da kont er allererst ein guter Eidam seyn,
Sah ihn mit Thränen an. Doch solche fromme Thaten
Erheben sich auch wol bey schlechten Potentaten.
Ist nur ein Bettel-Sack zu theilen in der Welt;
Ein ieder sieht das er das beste Stück behält.
Thut noch ein reicher Freund dem Armen was zu Willen;
Das kan der gute Tropf mit keinen Dienst erfüllen,
Muß immer Sclave seyn, muß allzeit stehn gerecht,

Der Frauen Haderwisch, und auch der Mägde Knecht.
Hie möcht mir aber wohl die Einfalt wiederstehen:
Ist keine Liebe nicht? Kein Freund nicht mehr zu sehen?
Das glaub ich nimmermehr. Sieh dort den Phädrus an,
Den Venus Märtyrer, den wohlgeplagten Mann.
Kein Mensch, kein Wort, kein Rath kan ihn von Phillis treiben.
Bey Phillis will er seyn. Bey Phillis will er bleiben
Biß an den bittern Tod. Wenn Phillis ihm gebricht;
So siehst du Phädrus wohl, doch seine Seele nicht:
Ist Phillis nicht allda: mein Phädrus sieht betrübet;
Er ist nicht wo er ist: Er lebet wo er liebet:
Er küsset einen Ring: Er küsset weiß nicht was,
Die Stelle da sie stund, den Stuhl darauf sie saß.
Kommt Phillis wieder an; mein Phädrus ist genesen,
Ist frisch und wohlgemuth, führt gantz ein ander Wesen.
Und weil sein Hertz noch schwebt in solchem Überfluß;
So kräncket er sich doch, daß sie bald scheiden muß.

Ja leider es ist wahr. Es seynd geschwinde Seuchen.
Sie kommen leichtlich an, und wollen schwerlich weichen.
Da hilft kein Artzeney, kein Kraut, kein warmes Bier,
Kein Zucker-süsser Wein, kein Pillen, kein Clystier.
Er liebet, wie er meint. Laß aber diesen Krancken
Erreichen was er will, erfüllen die Gedancken,
laß ihm zum höchsten Ziel, zum Trost der süßen Pein;
Die Phillis, glaube mir, wird nicht mehr Phillis seyn.
Der Mund ist nun Corall, die Augen helle Sonnen,
Ein ieglich Haar ist nun von güldnem Drat gesponnen,
Die Hände Marmor-weiß, die Brüste wohl stafirt,
Der lebendige Schnee mit Kirschen roth geziert.
Sobald die zarte Blum ist von dem Stiel gebrochen,
Sobald er hat erreicht, wornach er war gekrochen:
So wird der tolle Wahn verschwinden wie ein Traum
Und geben der Vernunft ein wenig Platz und Raum.
Da wird die Schwindelsucht gleich einem Rauch vergehen,
Da wird er ohne Dunst und falschen Brillen sehen,
Wird sprechen: Ist sie das? Hab ich die schwartze Haut
Dem Helfenbein vergleicht? für Marmor angeschaut?
Hab ich an solchen Pech mich so vergreifen müßen?
Hab ich das weite Maul, den Geifer, müßen küßen?
Hab ich denn nicht gemerckt, wie sie von fernen stinckt,
Mit einem Auge schielt, an beyden Schenckeln hinckt?
War ich denn blind und toll? Was hab ich doch getrieben?
Ja Phädrus, blind und toll sind alle die da lieben,
Und fahren gleich wie du und fallen in den Brand
Ohn allen Vorbedacht, ohn Urtheil und Verstand.
Ja wo die geile Brunst nur sucht sich selbst zu kühlen
Und wie ein wildes Vieh in Unflat nur zu wühlen,
Da ist die Liebe nicht. Die Lieb ist keusch und rein,
Und kehret niemals bey verkehrten Hertzen ein.
Die Unzucht ist ein Feur, aus Phlegethon gestohlen,
Der Seelen ärgste Pest. Sobald die Schwefel-Kohlen

Ein krانckes Hertz berührt; So stirbet der Verstand,
Der Mensch wird in ein Vieh und wütend Thier verwandt.
Weiß auch von keiner Ruh, er habe denn verrichtet,
Was ihn an Leib und Seel und allem gantz vernichtet.
Noch meint der wüste Mensch, daß diese Raserey,
Bey nah das höchste Gut und lauter Liebe sey.
Und wenn die Narren-Brunst in vollen Flammen stehet,
Wenn die verdammte Lust nach Wunsch und Willen gehet;
So ist sie plötzlich aus, wird lauter Asch und Koth
Und folgt die späte Reu, noch ärger als der Tod.
Beseht den schweren Fall vor langer Zeit beschrieben,
Zum Spiegel aller Welt, die zum Verderben lieben.
Des grossen Davids Sohn, ein Printz sehr schön und zart,
Hochfürstlich von Geblüt, doch nicht der besten Art,
Entbrandt in böser Lust und ließ zu tausend mahlen,
Ein ungezähmtes Aug auf seine Schwester strahlen,
Sein eigen Fleisch und Blut. Wo Thamar gieng und stund
Da schlich ihr Ammon nach. So lang war er gesund,
Als er die Schöne sah. Wann Thamar war entwichen;
So war der Ammon schon als lebendig verblichen,
Ein Schatten seiner selbst, ein welcker Tulipan,
Der sein gekröntes Haupt nicht mehr erheben kan.
Welch Mittel war nun hier? Die Heyrath vorzuwenden
War wider Blut und Recht. Die Jungfrau gar zu schänden.
Ach liebste Schwester mein GOtt wende solchen Sinn
Gar weit von Zionsburg und meinem Hertzen hin.
Diß merckte Jonadab, ein Mann geübter Zungen,
Der in des Printzen Hertz vorlängst sich eingedrungen
Durch süße Schmeichelkunst. Was Ammon wolgefiel,
Auch war es lauter Mord: Er half mit zu dem Spiel.
Wolt Ammon lustig seyn, verkehren oder saufen;
Es muste fort ein Knecht nach Jonadab hinlaufen.
Dem Herren war nicht wol, genoß nicht Brod, nicht Wein,
Es muste Jonadab denn mit zur Tafel seyn.

Des Vaters heilig Wort, des Nathans Widersprechen
Ward für ein Spott geacht. Was Jonadab in Zechen
Aus vollem Munde führt, da folgte Preiß und That.
Nur Jonadab allein war liebster Freund und Rath.
Nun dieser schlaue Gast begunte bald zu mercken
Aus Ammons seltsam Thun, aus allen Wort und Wercken,
Was seine Kranckheit war. Kam Thamar für den Tag;
Der Printz war mehr erfreut, als wie er vormahls pflag,
Ward jählings blaß und roth, ließ manchen Seuftzer streichen.
War Thamar nicht allda; so wust er ihres gleichen
An zarter Schönheit nicht. Er grif ein Gläßlein Wein,
Das must auf Thamars Glück und Wolfahrt ledig seyn.
Neid, Hoffart, Lieb und Zorn die sind nicht zu verstecken.
Sie sind mit keiner Kunst noch Argelist zu decken.
Ob gleich die Zunge schweigt, die Augen ruhen nicht,
Sie stehen allzu bloß und mercklich im Gesicht.
Als nun der junge Fürst in einen grünen Garten

Alleine wandeln ging, der Unruh abzuwarten:
Trat Jonadab hinzu, der abgefeimte Mann,
Und sprach den leidigen mit diesen Worten an:
Wie hochgebohrner Printz? Wie soll ich das verstehen?
Wie seh ich ihn so gar in tiefen Sorgen gehen?
Wo ist der frische Muth, der noch für kurtzer Zeit
Allein zu lauterm Spiel und Kurtzweil war bereit?
Wo ist der helle Glantz der Augen hingewichen?
Wie ist das Purpur Roth der Wangen so verblichen?
Wie ist der schöne Leib in so geschwinder Zeit
So mager abgezehrt, gleich einem dürren Scheit?
Wo ist der tapfre Printz doch außer sich verblieben,
Der seinen Jonadab so hertzlich pflag zu lieben?
Wo gehn die Seuftzer hin? Gebt endlich doch Bericht?
Was meint der stille Mund, wenn er kein Wörtlein spricht?
Ein Krancker, der dem Artzt bekennt sein heimlich Wesen
Und öfnet seine Pein, der ist schon halb genesen.

Glaubt sicher, Jonadab ist kein so tummer Tropf.
Er weiß wol einen Hut zu seinem krancken Kopf.
O mein vertrauter Freund, sprach Ammon, deine Treue
Ist mir vorlängst bekandt. Daß ich zu reden scheue,
Hat einen tiefen Grund. Mein Hertzleid meine Pein,
Will nicht so wol gesagt als nur errathen seyn.
Ach Thamar, schönstes Bild, mein Tod und auch mein Leben!
Wer will mir einen Rath in solchem Unfall geben?
Ach Thamar, wärstu nicht mein eigen Fleisch und Blut;
So war ich schon gesund, und du mein höchstes Gut.
Genug, sprach Jonadab. Ist da der Peltz zerrißen?
Was beßer als nur bald den Apfel angebißen,
Den eure Lust euch zeigt? Wer scheuet in der Noth,
Im Fall er Mittel weiß und Labsal für den Todt?
Die Schwester? Es ist wahr und schwerlich anzugehen.
Jedoch so seltsam nicht. Es ist wohl eh geschehen.
Die Schwester? Auch nur halb. Denn bin ich recht bericht;
So seyd ihr beyde doch von einer Mutter nicht
Und so weit fremd genug. Was wolt ihr länger scheuen?
Der erste Bruder hat die Schwester müßen freyen.
Die Noth war das Gesetz. Auch setz ich endlich nun:
Es sey nicht wol bedacht. Wer will euch etwas thun?
Der Vater? Laß ihn selbst einmahl zurücke sehen,
Wer er vor diesen war: Er wird beschämet stehen.
Ein jeder mach es erst für seiner Thüren rein.
Ist er denn ohne Schuld; so mag er Richter seyn.
Der Pöbel wird vielleicht hievon was hönisch sprechen.
Was mehr? Ein fauler Wind kan keinen Hals zerbrechen.
Ihr seyd ein junger Printz. Kans ja nicht anders seyn;
Ein scharf gewetztes Stahl hält alle Zungen ein.
Was hindert euch noch mehr? Wil Absolon sich streuben.
Für seinem krausen Haar werd ich, und ihr, wol bleiben.
Er ist von zarter Haut, viel näher Weib als Mann,
Der Schleyer steht ihm baß, als Spieß und Harnisch an.

Und ob sich ja ein Strauß hierüber solt erheben;
So sind mir auch umsonst die Fäuste nicht gegeben.
Wer weiß was Jonadab und seinesgleichen kan?
Die gantze Ritterschaft hängt meinen Printzen an.
Nur frisch hinein gewagt ohn alle Sorg und Grämen.
Es ist kein starckes Schloß noch Festung einzunehmen.
Greift was vielleicht die Jungfrau selbst mit Willen gibt.
Und will sie eben nicht; so thut was euch beliebt;
Doch so viel möglich ist, laßt heimlich diß geschehen.
Wer etwas stehlen will, der muß auf Socken gehen.
Sucht in der gantzen Burg das innerste Gemach
Und leget euch zu Bett, und stellt euch kranck und schwach.
Da laßt euch Thamar denn ein niedlich Eßen reichen
Und schickt die Diener fort. Last alle von euch weichen.
Was weiter dient, gethan. Bedarf nicht viel Geschwätz.
Das Wild ist denn im Garn, der Vogel in dem Netz.
O rechter Hofe-Schwantz, Achitophels Verwandter,
Fuchsschwäntzer, Zeche-Freund, des Teufels Abgesandter,
Hertz- Ehr- und Seckel-Dieb (denn dahin geht die Kunst,
Ein Schmeichler strälet nicht die Katze gar umbsonst)
Pflaumstreicher, Heuchel-Maul, Schalcksdeckel, Federleser,
Schmarutzer, Hofe-Pest, Zuschürer, Ohrenbläser.
Wer deinen Worten gläubt, der baut auf losen Grund,
Versteckt die Karte nicht, kennt keinen faulen Hund.
Noch gleichwol will der Hof zum grossen Hertzleid haben
Viel lieber einen Mann von solchen edlen Gaben,
Als einen wahren Freund, der saget was gebricht,
Dem Ubel klüglich wehrt, dem Unheil widerspricht.
Der Sinnen-lose Fürst ließ alles sich gefallen,
Prieß seinen Jonadab und seinen Rath für allen.
Er fiel ihn um den Halß: Er lobte seine Treu,
Vollbracht den bösen Rath ohn alle Scham und Scheu.
Das fromme Schäflein ward mit Hinderlist entwendet,
Dem Wolfe zugeführt, mit aller Macht geschändet.

Das stinckende Gerücht durchlief das gantze Land.
Es wird die böse That zu Aßtlon auch bekant.
Die Feinde jauchtzeten. Der König must sich schämen.
Durch Ammons böse Lust ward in ein plötzlich Grämen
Und bittern Haß verwandt. Der vormals schöne Schein
Deucht Ammon ein Gespenst und Schrecken-Blitz zu seyn.
Die Jungfrau muste gehn. Die Jungfrau ward verstoßen,
Besprenget Haupt und Haar mit Asch und Erdenkloßen,
Zerriß den bunten Rock, verhüllte das Gesicht,
Mocht keinen Menschen sehn, ja kaum das Sonnenlicht.
Heißt das nicht wol geliebt? Zu höchster Schande zwingen?
Um Ehr und Redlichkeit, um gut Gewißen bringen?
Wie wenn sie auf dich hätt ein heimlich Beil gewetzt?
Das Messer in den Schlaf dir an den Hals gesetzt?
Wie wann dein einigs Kind die Mutter von dem Leben
Und umb den Hals gebracht, am Vater wollen geben,
Den Wütrig in den Kohl, den Schierling in den Wein:

Wie könte deine Straf an ihr doch größer seyn?
Ach Ammon! Wie wirst du die schnöde Lust noch büßen!
Die Rach, ob schon sie geht auf krüppelkrummen Füßen,
Kommt endlich doch herbey, vielleicht zu solcher Zeit,
Wenn dir dein Hertze schon gibt sicheres Geleit.
Der grimmig Absolon ließ zwar sich nicht vermercken,
Was auf gelegnen Tag sich äußert in den Wercken.
Die Schmach, der bittre Groll, der eifrig heiße Muth
Kunt nicht gelöschet seyn, als mit des Ammons Blut.
Da war kein Jonadab, kein Mann von Hertz und Fäusten,
Der seinen Printzen half und Beystand wolte leisten.
Trotz, Treu und Eyd war aus. Der große Held verschwand,
So bald nur Absolon das Eisen nahm zur Hand.
Dieweil das Faß noch läuft, der Heerd riecht nach den Braten;
Ist Schneidewind ein Mann, der reden kan und rathen
Verlachet die Gefahr. Doch geht das Treffen an;
So ist kein Haaß im Busch der beßer laufen kan.

Nun sag ich gleichwol nicht, daß aus der Schönheit Gaben
Nicht eine keusche Brunst, kan seinen Ursprung haben,
Die Eh und Ehre meint. Ob aber wahre Treu
Beständig unverrückt auch bey Vertrauten sey,
Das lehrt die liebe Zeit. Es kommet oft zusammen
Ein Paar nach seinen Wunsch in nicht geringen Flammen.
Der neu-geschierte Brand geht aus in liechte Loh
Und ist sobald gelöscht als ein versengtes Stroh.
Kaum ist ein halbes Jahr, kaum halb so viel verfloßen;
Die Schön ist nicht mehr schön, es ist der Mann verdrossen,
Will nichts als Herr nur seyn. Das ungewehnte Weib
Sucht irgend anderswo ein beßer Zeit-Vertreib.
Was nur auf süßen Wahn und bloße Schönheit paaret,
Das dauret selten lang, und ist nicht wol verwahret.
O selig ist der Mann! der hie bedachtsam fährt
Und mit Bescheidenheit die erste Liebe nährt.
Der seine Herrschaft weiß, doch allzu hoch nicht spannet,
Nicht gar zu eben sieht, nicht leichtlich flucht noch bannet,
Thut bösen Argwohn ab, vermeidet allen Streit,
Der einen Fehler merckt, doch auch ein Wort verzeiht,
Der einen guten Rath des Weibes nicht verschmähet,
Nicht bloß auf seinen Kopf und funfzehn Augen stehet,
Der alles zwar bestellt, doch nimmt sich gleichwohl an,
Als ob er ohne sie nicht schaffen will noch kan.
To recht, mein Herr, to recht, spricht Käte von der Linden:
Wu will man aber itzt so einen Karrels finden?
Mein Mann, der Hache der, macht mir so manchen Strauß,
Hält, wenn er gsoffen heft, als wie der Teufel Hauß.
Wann aber ich amahl zur Thüren us thu sehen,
A Stendel zwey, drey, vier nach meiner Muhme gehen:
A kleines Trünckel thu: To brummt er wie a Bär
Und was er erstlich greift das nimmt er zum Gewehr.
Wie kan doch diß mein Herr zum Frieden recht gedeyen?
Der Teufel laß also sich reiten und bespeyen.

War spinnen will, der spinn. Ich habs ihm aufgesaat.
Ich bin die Fraa im Hauß, und nicht die Spindel-Maad.
Mein Käte, nicht also. Sey nicht so gar verbolgen.
Auf solche Worte pflegt auch solcher Lohn zu folgen.
Die widerspricht, hat Schuld. Auch merckte diese Lehr:
Kein Arbeit ist so groß als wie der Frauen-Ehr.
Im Fall ein truncken Weib auch mit dem Mann will prassen;
So hilft kein Gut noch Rath. Du must auch dieses faßen:
Bist du nicht eben Magd; so dienst du doch dem Mann.
Und steht dir ia so gar die Herrschaft treflich an;
So thu nur was er will. Kanst du dich darin finden;
So kanst du, Delila, den starcken Simson binden.
Das mutzig sauer sehn bringt nichtes gutes ein.
Nur mit der Freyheit will ein Mann gefangen seyn.
O eine güldne Kunst! da beyde Theil sich schicken,
Und weiß im Fall der Mann vernünftig sich zu bücken,
Hängt keinen Eifer nach, legt mit den Kleidern hin,
Was ihm des Tages hat gekräncket Muth und Sinn.
O eine güldne Kunst! doch wenigen gegeben.
Und daher rühret auch solch Lieb- und Treuloß Leben.
Und wenn ein geiles Weib den Glauben einmahl bricht;
So hütet Argus sie mit hundert Augen nicht.
Ja wo sie einmal kommt auf so verkehrte Thaten;
So wird sie Mann und Kind, ia Leib und Seel verrathen.
Daher die Weißheit selbst so ernste Warnung thut:
Auch hüte dich für der, die dir in Armen ruht.
So geht es in der Welt. Noch wird an allen Orten,
Nichts als die Liebe nur geübet in den Worten.
Ein Andachts-voller Schalck spricht seinem Völcklein zu:
Ihr Lieben, liebet euch. Die Lieb ist GOttes Ruh.
Die Lieb ist das Gesetz. Aus Liebe kan man kennen,
Ob iemand GOttes Kind und gläubig sey zu nennen.
So spricht der liebe Herr und ist doch selber wol
Von Grimm und bittern Haß gestopft, gepfropfet voll.

Ein Hofmann, der den Feind von fern hat wahrgenommen,
Gibt ihn dem Teufel hin. Doch laß ihn näher kommen,
Da wirst du ander Spiel, da wirst du Wunder sehn,
Bereit mit Freundlichkeit ihm bald entgegen gehn,
Wird sprechen: O Glück zu! Mein Wunsch und mein Verlangen,
Mit welchen Freuden soll ich solchen Freund umpfangen?
Wie hat das gute Glück so plötzlich uns vergnügt.
Und so ein liebes Paar zusammen izt gefügt?
Warum ist mir so lang die Ehre nicht geschehen,
Daß ich den Bruder möcht in meinem Hause sehen?
Wie gehts der Liebsten doch? Hält die sich auch allhier?
Kehrt beyde zu mir ein, und nehmt vorlieb mit mir.
Der ander Heuchler auch, nach vielen Red und Fragen
Weiß seinen Rippelrey auch richtig her zu sagen,
Gebraucht derselben Kunst: Doch, ob er viel schon spricht;
Es ist nur oben hin, er glaubt ihm selber nicht.
Ein Unhold, der zuvor sein Weib trat mit den Füßen,

Spricht: Meine Liebste läst, mein Herr, euch freundlich grüßen.
Kein Baur hat nun ein Weib, sie muß die Liebste seyn.
Die Liebste steht im Stall und macht die Krippen rein.
Sitzt auch die gute Frau mit einem fremden Narren
Und höret unverhoft die Thür am Hause knarren:
Halt an, mein Liebster kommt? Versteckt das Gewehr
Wo führt der Kuckuck ihn, spricht sie, izunder her?
O alte Redlichkeit! Du Feindinn aller Sünden
Und Heuchelmummerey, wo soll man dich izt finden?
Das Gauckelspiel der Welt ist nichts als lauter List,
Die so voll Schand und Greul als schön von außen ist.
Wohl dem, der von der Welt und ihren falschen Tücken
Sich bald entreissen kan, und sich zur Tugend schicken!
Denn wer zum Guten kehrt und von dem Bösen läst,
Der ist ein ander Mensch und sündlich nicht gewest.

Achte Satyre
Der Poet.

So soll ich nicht einmal empfindlich mich erzeigen
Und wie ein stummer Fisch dem Midas Bruder schweigen?
Wer hat denn eben ihm zum Schmähen nur vergunt,
Und mir zur Noth und Schutz verschlossen meinen Mund?
Ist ein Poet ein Narr? Verläumder, kahler Lauser,
Wie theur der Hundert eins? Ein guter Brocken-Mauser.
Ich sage billig Danck der allzu hohen Ehr.
Der Reußen Großfürst hat nicht fast der Titul mehr.
Mein Tscherning, höchster Freund, ihr Meister in den Dichten,
Der ihr ein treflich Werck selbst manchen könt und richten,
Den die gelahrte Kunst hat Welt-berühmt gemacht
Und hoch bey Königen und Fürsten aufgebracht.
Wie, lieber, kommt doch diß, daß solche Himmels-Gaben,
Die niemand als von GOtt und seinem Geist kan haben,
Die nicht zu kaufen stehn um Waaren oder Geld,
Ja die mit Ehren krönt das höchste Haupt der Welt,
Von manchem Rücke-Maul so schimpflich wird verlachet,
So liederlich geschmäht, so hönisch ausgemachet?
Was unter Funftzigen kaum Fünfen wol geglückt,
Das wird zum Schabernack itzunder aufgerückt.
Ich, der Geringste nur und würdig nicht zu schätzen,
Den man in dieser Zahl soll neben andre setzen,
Muß nur zu lautern Schmach auch solches Namens seyn,
Sonst ließ ich mich gar nicht zu dieser Antwort ein.

Wie aber geht es zu? Wer kan es doch errathen,
Daß dieser Ruhm nun stinckt als wie ein Schneider-Braten?
Ich wette, so du wilt, und setz ein gutes Pfand,
Der Ursprung dieses Hohns sey Neid und Unverstand.
Der schlaue Rencke-Fuchs war einmahl ausgerißen
Und hatte seinen Schwantz zur Beute laßen müßen.
Der Schimpf verdroß ihn sehr, durft kaum sich lassen sehn.
Damit er aber möcht dem Spott entgegen gehn;
Verlachet er zuvor gantz hönisch seine Brüder.
Was traget ihr, sprach er, das häßlichst aller Glieder?
Wozu dient das Geschlep? Was bringt der Weidel ein,
Als daß wir so viel ehr der Jäger Beute seyn?
So gar kan alle Ding der Neid zu nichte machen.
So kan mein Theon auch Poeterey verlachen:
Weil er zu dieser Kunst so gar gerecht ist schier,
Als eine Sau zur Leyr, der Esel zum Clavier.
Daß aber man so gar das Gute darf beschmeißen,
Daß ein Poet ein Narr, ein Narr Poet muß heißen:
Das thut der Unverstand: Weil mancher Büffel zwar
Hat einen grossen Kopf doch Bregens nicht ein Haar,
Sieht Kupfer an für Gold, die Rüben für Granaten
Die Ganß für einen Schwan, die Kötel für Muscaten,
Weiß keinen Unterscheid, hat keiner Dinge Wahl,

Den Kuckuk preiset er für einen Nachtigal.
Wahr ist, daß Phoebus Volck fast lustig ist von Hertzen,
Und meistentheils gescheut, doch höflich auch im Schertzen
Bevorab so sie nur in etwas sind getränckt
Mit dem berühmten Saft, den uns Lyäus schenckt.
Da wissen sie bald eins und anders vorzubringen
Zur angenehmen Lust, iedoch von solchen Dingen,
Die nicht verdrießlich sind. Ist da der rechte Mann;
Sie machen ihm wol eins, jedoch gar höflich an.
Ihr Stich der blutet nicht. So, hab ich wol gelesen,
Soll, aller Francken Ruhm, der Taubmann seyn gewesen:

So auch der Buchenan, Minerven liebstes Kind,
Dem weder Römer, Griech noch Teutscher abgewinnt.
So war der Venusin, den selbst Augustus ehrte,
Der nach des Pindars Kunst die Römer spielen lehrte,
Zum Lachen wie gebohrn, im Schertzen ausgeübt:
Wie sein berühmtes Buch noch heute Zeugniß gibt.
Wenn nun ein grobes Holtz, ein Eulenspiegels-gleichen
Läst einen Pfuy-dich-an mit guten Willen streichen,
Bringt kahle Zoten vor, verschluckt ein gantzes Ey
Und rültzet ins Gelach und schwätzet in den Brey:
Wenn er sich lustig macht mit solchen Bubenpoßen;
Die auch kein Hurenwirth solt hören unverdroßen.
Da lacht die Unvernunft, daß ihr die Luft entgeht,
Und spricht wol: Hey das ist ein lustiger Poet.
O all zu theurer Nam für solche grobe Hachen.
Kan dann ein fauler Stanck so bald Poeten machen?
Ein unverschämtes Wort! O weit vom Ziel gefehlt.
Es muß ein ander seyn, der mit will seyn gezehlt
In diese werthe Zunft. Die keuschen Pierinnen
Sind keinen Unflath hold. Sie hassen grobe Sinnen.
Wer ein Poet wil seyn, der sey ein solcher Mann,
Der mehr als Worte nur und Reimen machen kan,
Der aus den Römern weiß, den Griechen hat gesehen,
Was für gelahrt, beredt und sinnreich kan bestehen,
Der nicht die Zunge nur nach seinem Willen rührt,
Der Vorrath im Gehirn und Saltz im Munde führt,
Der durch den bleichen Fleiß aus Schriften hat erfahren,
Was mercklichs ist geschehn vor vielmahl hundert Jahren,
Der guter Wissenschaft mit Fleiß hat nachgedacht,
Mehr Oehl als Wein verzehrt, bemüht zu Mitternacht,
Der endlich aus sich selbst was vorzubringen waget,
Das kein Mensch hat gedacht, kein Mund zuvor gesaget,
Folgt zwar den Besten nach, doch außer Dieberey,
Daß er dem Höchsten gleich, doch selber Meister sey,

Darzu gemeines Ding und kahle Fratzen meidet
Und die Erfindung auch mit schönen Worten kleidet,
Der keinen lahmen Vers läst untern Haufen gehn,
Viel lieber zwantzig würgt, die nicht für gut bestehn.

Nun wer sich solch ein Mann mit Recht will laßen nennen,
Der muß kein Narr nicht seyn, so wol was gutes können,
Als unser Tadelgern, der neugebohrne Held,
Der nicht geringen Muth und Titul hat für Geld.
Geh wie Diogenes des Tages bey den Flammen
Und bringe dieser Art, so viel du kanst, zusammen:
Setz gute Brillen auf für eine zweymahl drey.
Komm dann, und sage mir, wie theur das Hundert sey?
Es werden kaum so viel sich finden aller Orten,
Als Nilus Thüren hat, und Thebe schöne Pforten:
So viel du Finger hast, die Daumen ohngezehlt,
Im Fall dir einer noch vom gantzen Haufen fehlt.
Zwar tausend werden sich und vielmal tausend finden,
Die abgezählte Wort in Reime können binden.
Des Zeuges ist so viel als Fliegen in der Welt,
Wann aus der heissen Luft kein Schnee noch Hagel fält.
Auf einem Hochzeitmahl da kommen oft geflogen
Des künstlichen Papiers bey vier und zwantzig Bogen.
Ein schöner Vorrath, traun, bevorab zu der Zeit,
Wann etwan Heu und Stroh nicht allzu wol gedeyt.
Kein Kindlein wird gebohrn, es müssen Verse fließen,
Die oft so richtig gehn und treten auf den Füßen,
Als wie das Kindlein selbst, die, wie es ist bekannt,
Auch haben gleichen Witz und kindischen Verstand.
Stirbt jemand; so muß auch des Druckers Arbeit sterben,
Wiewol dem Drucker nicht so schädlich, als den Erben.
Bald kommt der Richter selbst, erwartet bey der Thür
Des Halses süssen Trost, der Faust und Kunst Gebühr.
Nun eben diese sinds, die guten Ruhm beschmeißen.
Diß lumpen Völcklein will, mit Gunst, Poeten heißen,

Das nie was guts gelernt, das niemals den Verstand
Hat auf was wichtiges und redliches gewandt,
Die nichts denn Worte nur zu Marckte können tragen,
Zur Hochzeit faulen Schertz, bey Leichen lauter Klagen,
Bey Herren eiteln Ruhm, dran keiner Weißheit Spur,
Kein Saltz noch Eßig ist, als bloß der Fuchsschwantz nur.
Drum dürfen sich auch wol in diesen Orden stecken,
Die niemals was gethan, als nur die Feder lecken.
Ein Schriftling, der kein Buch, als teutsch hat durchgesehn,
Will endlich ein Poet und für gelahrt bestehn.
Es thut ihm eben sanft wenn solche Titul fallen.
Warum nicht? Der im Hoy, ja zwischen Feur und Knallen
Hat einen Vers gemacht? In zweyer Tage Zeit
Hat er ein gantzes Buch fünf Finger dick bereit.
O Meister Hämmerling, leg ab die Leimenstangen.
Geschwindigkeit taugt nichts, als Flöhe nur zu fangen.
Was mit der langen Zeit soll wachsen und bestehn
Das muß nicht okes bocks, wie aus der Taschen, gehn.
Sieh des Maecenas Freund, im setzen wol erfahren,
Gibt guten Versen Zeit von zwey und sieben Jahren.
Zwölfmal hat Cynthius durchrennt sein rundes Pfad,

Eh das Aeneas Lob das Licht gesehen hat.
Itzund wenn einer nur kan einen Reim herschwatzen:
Die Leber ist vom Huhn, und nicht von einer Katzen;
Da heist er ein Poet. Komm, edler Palatin,
Leg deinen Lorbeer-Krantz zu seinen Füssen hin.
Was mag doch Griechenland Homerus Wercke loben
Und Welschland den Virgil? O dieser Dreck schwebt oben.
So gar sticht Teutschland nun die andern Völcker aus,
Greift einen Opitz ehr, als Codrus eine Lauß.
Ja endlich haben wir erlebt die güldne Jahren,
Daß auch das Weiber-Volck läst Spul und Haspel fahren
Und macht ein Kunstgedicht. Sie wenden klüglich für:
Sind nicht die Musen all auch Jungfern gleich wie wir?

Ist nicht Minerva selbst, die Fürstin kluger Sinnen,
In beyden gleich geübt, in schreiben wie in spinnen?
War Sappho nicht ein Weib? Ist irgendswo ein Mann,
Der einer Schurmannin sich gleich erweisen kan?
Ihr schlechte Tauben ihr, wo sonderliche Gaben
Fast wider die Natur sich eingefunden haben,
Was geht euch solches an? Um aller Welt Gewinn
Bringt ihr mir nimmermehr noch eine Schurmannin.
Was von Minerva wird geschrieben und gelesen,
Ist niemals in der That geschehen noch gewesen.
Sie hat so wenig Fleiß an Büchern je verlohrn,
Als sie aus dem Gehirn des Vaters ist gebohrn.
Dis Bild wil mit Verstand also seyn angenommen,
Daß Kunst und Weißheit nur vom Himmel müße kommen.
Die Musen alle neun sind Wissenschaften nur,
Die uns sind abgemahlt in weiblicher Figur.
Was Sappho nun betrift: So wirstu ihre Sitten
Samt aller ihrer Kunst nicht wünschen oder bitten.
Ein ehrlich Weibesbild, ein fromm gewehntes Kind
Wird nimmermehr also, wie Sappho seyn gesinnt.
Die Schriften sind fürwahr Gezeugen unsrer Hertzen.
Die keusch ist von Natur, die wird nicht unkeusch schertzen.
Das bild ich mir gewiß und ohne Zweifel ein:
Die so wie Thais spricht, die wird auch Thais seyn.
Wär aber irgendwo ein Weib, das geil vom Munde
Und in der Feder wär, jedoch sich keusch befunde,
Die wäre werth, daß sie für allen schau geführt
Und nackend solte stehn mit Purpur ausgeziert.
Man solte billig sie und andre ihres gleichen,
Wo sonsten andre sind, mit güldnen Ruthen streichen.
Wo aber findet man solch Keinod in der Welt?
Da weiße Raben sind, und schwartzer Hagel fällt.
Drum wünsche nicht, daß die, so vorsteht deinem Hause,
Mit Versen sich bemüh und in Poeten mause.

Der Weiber Vorwitz ist schon aller Welt bekannt.
Sie nehmen wol so bald den Daphnis in die Hand,

Als Ristens himmlisch Buch. Gelegenheit macht Stehlen.
Sie möchte wol dadurch ihr einen Daphnis wehlen,
Indem du süsse schläfst, der lieber wär als du.
Und schreiben den Vertrag ihm in den Versen zu.
Auch setz ich, daß ein Weib geübt in solchen Sachen,
Wie etwan müglich ist, was treflichs könte machen:
Woher die liebe Zeit? Mein Urtheil rühret nicht,
Als nur gemeines Volck. Ob schon ein himmlisch Licht
Heldinnen tüchtig macht was köstliches zu schreiben,
Zu setzen ein Gedicht anstatt der Klapper-Schreiben;
Das gehet euch nicht an. Ein Weib die Flachs und Woll
Hauß, Keller, Küchen, Magd und Kind beschicken soll,
Hat mehr denn allzuviel in allen beyden Händen,
Weiß den Verstand und Zeit viel besser anzuwenden.
Zulezt, kein Männer-Witz hat bey den Weibern Art.
Den Männern nur gehört die Feder und der Bart.
Nun hola wo hinaus? Last uns zurücke kehren.
Huy, Blinder, hie geh her, sprach Hans zu seiner Mähren.
Wir lassen nun hinfort die weißen Schürtzen gehn
Und sorgen, wie uns selbst die Hosen recht anstehn.
Noch sag ich, ein Poet muß seyn von solchen Gaben,
Die nicht ein Jedermann, geschweig ein Weib, kan haben.
Kunst, Ubung, steter Fleiß die machen einen Mann,
Der endlich ein Poet mit Ehren heißen kan.
Ja wer nicht von Natur hiezu ist wie gebohren,
Bey dem ist Kunst und Fleiß und Ubung auch verlohren.
Hör was der Römer spricht: Die Stadt gibt jährlich zwar
Der Bürgermeister zwey; iedoch nicht alle Jahr
Kommt ein Poet hervor. So viel hat das zu sagen,
Wenn jemand wil mit Recht das Lorber-Kräntzlein tragen.
Doch diß gilt dahin nicht, daß diese Schwürigkeit
Dich läßig machen soll. Der Gaben Unterscheid

Der hebt nicht alles auf. Kanst du den über-Reichen
An seinem grossen Schatz und Vorrath nicht wol gleichen;
So ist nur wenig gnug. Spann alle Sinnen an.
Wer weiß, was nicht dein Fleiß dir mehr erwerben kan?
Schreib wenig, wo nicht viel das nach der Arbeit schmecket.
Ein kleines Wercklein hat oft großen Ruhm erwecket.
Zwey Zeilen oder drey von Buchnern aufgesetzt,
Seyn billig mehr als diß mein gantzes Buch geschätzt.
Nur eine Fliege wol und nach der Kunst gemahlet
Ist seines Lobes werth, und wird so wol bezahlet
Als nach des Lebens Maaß ein großer Oliphant,
Den nur ein Sudler hat geschlagen von der Hand.
Kanst du kein Opitz seyn, kein theurer Flemming werden:
O es ist Raum genung vom Himmel biß zur Erden.
Ist schon der Eymer nicht biß an den Henckel voll,
Was dann? Die süsse Milch schmeckt darum eben wol.
Hat Holland Heins und Catz? Es finden sich wo minder.
Ist Ronsard Franckreichs Sohn? Es hat wol schlechte Kinder.
Ob schon die Fichte scheint die Wolcken anzugehn;

Noch darf ein Rosenbusch sich auch wol lassen sehn.
Alleine meng dich nicht mit den vermeßnen Thieren,
Die alles ohn Bedacht fort in das Buch hinschmieren.
Auch sieh dich eben für, daß deine Arbeit nicht
Sey allzu sehr genau und sorglich eingericht
Nach Hirsen-Pfriemers Art, wann er also darf setzen:
Der Ertz-Gott, Jupiter, der hatte sich zu letzen
Ein Gastmahl angestellt. Die Weidinn gab das Wild,
Der Glutfang den Toback, der Saal ward angefüllt,
Die Obstinn trug zu Tisch in einer vollen Schüssel,
Die Freye saß und spielt mit einem Liebes-Schlüssel,
Der kleine Liebreitz sang ein Tichtling auf den Schmauß,
Der trunckne Heldreich schlug die Tageleuchter aus,
Die Feurinn kam dazu aus ihrem Jungfern-Zwinger
Mit Schnäblen angethan, Apollo ließ die Finger

Frisch durch die Seiten gehn, des Heldreichs Wald-Hauptmann
Fing lustig einen Tantz mit den Huldinnen an.
Je das ich. Je so schreib. Diß Elend ist entsprungen
Vom guten Vorsatz her, weil man mit fremden Zungen
Die edle Muttersprach zu schänden aufgehört
Und unsre Teutschen hat das reine Teutsch gelehrt.
Es war ein neu Gespräch gemählig aufgekommen
Und hatte mit der Zeit gantz überhand genommen,
Daß eine Zunge nur, ein Teutscher Mann allein
Aus nüchtern Munde sprach, frantzösisch, welsch, latein.
Und daß der späten Welt die Art nicht mag gebrechen;
So hört doch, wie ich selbst hab einen hören sprechen.
Ein braver Capitain, ein alter Freyers-Mann
Hub seinen Mengel-Muß mit diesen Worten an:
ça Maistre mache mir en faiçon der Frantzosen
Für gut contentement ein paar geraumer Hosen.
Ich selber bin mir gram, mir knurt der gantze Leib,
Daß ich jusqu' à present muß leben ohne Weib.
Was hab ich nicht gethan? Was hab ich nicht erlitten.
O Cloris, dein amour und Schönheit zu erbitten?
Weil dein esclat so weit die andern übergeht,
Als wenn ein Diamant bey einem Kiesel steht.
Soleil de nostre temps, O Auszug aller Tugend!
O himmlische tresor! O Krone dieser Jugend!
Was hab ich nicht gewagt daß sich dein nobler Sinn
Zu meiner Basseté doch möchte lencken hin?
Und endlich möcht ich wol von einer Damen wissen,
Warum man mich nicht wil wie andre Kerrel küssen?
Hab ich nicht Mauls genug? Verhindert sie der Bart?
Hab ich der baisemains und meines Huts gespart?
Wie manche Gasse bin ich dir zu Dienst gegangen,
Wenn man des Abends pflegt die Flädermäuß zu fangen?
Wie oftmal hab ich dir zu später Mitternacht,
Auf meiner Cornemuse, ein Dudeldey gebracht;

Noch gleichwohl kan ich nicht, solt ich darüber sterben,
Ein freundliches regart von einer auch erwerben.
Du lässest mir zu Schimpff den jungen Lecker ein.
Ich muß viellard le gris und schwartzer Michel seyn.
Und was ist denn an dir so sonderlichs zu fressen,
Farouche, Rabenaß, daß du so gar vermessen
Auf mich doch hönisch machst? Bin ich gleich ziemlich alt:
Doch ist mir weder Hertz, noch Hand, noch Finger kalt.
Der Mage däuet wol. Denn geht es an ein Schwärmen;
Kan ich ein Rössel Wein; sechs, sieben, acht erwärmen.
Die Zähn, assereuz vous, sind alle noch gesund.
Versuchs und stecke mir den Daumen in den Mund.
Ich habe manches Land und Herrschaft durch gereiset
Und mich mit Augen-Lust und Schönheit nur gespeiset.
Da war mein ordinair mit Damen umzugehen.
Da war ich par ma foy was beßer anzusehen.
Da war ich hoch berühmt im Fechten, Spielen, Tantzen,
Bracht masqueraden an und frische Mummenschantzen.
Ich redte spanisch, welsch, krabatisch und latein.
Paris und Orleans ließ mich für Bürger ein.
Ist irgend ein Banquet da man mir ruft zu Tische;
So schneid ich treflich wol Geflügel oder Fische,
Chapons, perdris, levreaux. Man zeige mir den Mann,
Der so genau als ich, den Gecken stechen kan.
Und eben hier soll ich mich laßen cujoniren
Und meine Renomeé auf einmal gantz verlieren,
Bey einer schwartzen Haut, die kaum des Odems werth,
Der solchem Cavallier aus seinem Hindern fährt?
Viellieber wil ich gar versetzen mein Verlangen
Und meine pucellage an einem Nagel hangen,
Wie manche Dame thut, wenn ihrs zu lange fällt,
Die Speck und Mäusefall umsonst hat aufgestellt.
Diß war die güldne Kunst zu reden und zu schreiben.
Nun denck ihm einer nach, wann dieses noch solt bleiben,

Als wie der Anfang war, bey Jederman gemein,
Welch eine Sprache solt in Teutschland endlich seyn?
So hat die Barbarey das gut Latein zerstücket,
Und gotisch, wendisch, teutsch mit Macht hinein geflicket.
Dadurch kam allererst der Mischmasch auf die Welt,
Den Franckreich, Welschland selbst, und Spanjen noch behält.
Der Gentelman hat auch sein Theil darvon bekommen,
Ein Wörtlein hie und da, von allen was genommen.
Und eben dieses wär den Teutschen auch geschehn,
Wenn nicht mit allen Ernst da wäre zugesehn,
Der Lapperey gewehrt, das reine Teutsch erzwungen,
Das nichts erbettlen darf von fremder Sprach und Zungen.
Es kommt mir eben vor, als wenn man ein Gesicht,
Dem keiner Schönheit Zier noch Lieblichkeit gebricht,
Nach geiler Weiber-Art, noch wil mit Pflastern schmücken,
Die künstlich seyn geschnitzt, als Käfer oder Mücken.
O unbesonnen Werck! Was hat die stoltze Pracht

Nicht wider die Natur gewirckt und ausgemacht!
Käm irgends auf die Welt ein Kind mit solchen Flecken;
Wie sorglich solte man die Mißgeburt verdecken.
Wann öffentlich Hans Wurst wil ausgelachet seyn;
So fleckt er das Gesicht, wie euch nun ist gemein.
Nun solch ein Narr ist auch und würdig seiner Kappen,
Der unser schönes Teutsch mit der Frantzosen Lappen
Noch besser machen will. Vor vielen Jahren schon
Sprach auch ein geistlich Mann aus einem hohen Ton:
Monsieur, ich bin nicht werth, daß ihr zu meiner Thüren
Und in mein schlecht Logis solt mit mir hin marchiren.
Un mot, sprecht nur ein Wort, ich weiß zu dieser Stund
Et tout incontinent; so wird mein Knecht gesund.
Zwar ich bin nur ein Mensch, und daß ichs gern gestehe,
Ein schlechter Cavallier, noch wann ich einen sehe
Von meiner Compagnie und ruf ihn zu mir her:
ça Garçon? Er ist prompt, verricht sein devoir.

Der gute Redner wolt des Hauptmanns Wort aussprechen,
Der zu dem Herren kam in Röthen und Gebrechen.
Wie sonsten ist bekannt. Nun aber, Danck sey GOtt!
Ist diese Mummerey den Teutschen nur ein Spott.
Hergegen andre sind, wie vorgesagt, zu finden,
Die allzu gar genau uns suchen einzubinden,
Sie haltens einen Mord, wenn etwa dem Latein
Ein Wörtlein ohngefehr nur ähnlich solle seyn.
Ein solcher Klügling wird nicht leiden, daß man sage,
Wie er an seinen Kopf auch Nas und Ohren trage.
Denn beydes ist Latein. Der Fuß sieht griechisch aus.
Der Spiegel ist nicht teutsch, noch minder Katz und Mauß
Nun lieber, last uns auch was Gutes doch erdencken
Und nach der neuen Kunst die Zunge klüglich lencken.
Was wird man seltsam Werck, was wird man Wunder sehn.
Ey Liebste, lasset doch den grauen Murmur gehn.
Nehmt mich in euren Schooß. Der fahle Hechselmenger
Frist die gedruckte Milch. Neigt eure Lüftleins-fänger
Doch meiner Rede zu. Geht zu dem Gleicher hin.
Der Schnauber ist euch schwartz; Sonst seyd ihr, meinem Sinn
Und gutem Urtheil nach, mit allen Schönheits-Waaren
Vollkommlich ausgeputzt, von Scheitel und den Haaren,
Biß auf die Trittung zu. Wenn euer Pflantzherr wolt
Und eure Seuge mir so zugethan und hold
Noch heute könte seyn, das ist, mein liebstes Leben,
Euch mir zum Eigenthum besitzlich wolten geben:
So flög ich voller Glück bis an das blau Gezelt,
Wo Phöbus prächtig steht, der Süchtling aller Welt.
Wer hat das Zipperlein so schwer an Händ und Füssen,
Der dieses Narren-Wercks nicht solte lachen müssen?
Wer so unsichtbar geht, führt solche Rätzel ein,
Der wird in Wahrheit auch den Teutschen unteutsch seyn.
Wer wolte nicht viel ehr des Wahlen Wort verstehen:
Paur hale mir die Pferd. Last ju der Schuch besehen.

Allegro macht ju fort. Bezahl die Pinckebanck.
Geh Moder in die Stall, der Kuh sein Kind ist kranck.
Zum letzten hilft auch viel den wahren Ruhm zu schmähen,
Weil man nicht ohne Zorn und Lachen zu muß sehen,
Wie um so schlechte Kunst, doch um ein ziemlich Lohn,
Auf allen Köpfen past die grüne Daphnis Kron.
So leicht ein Roscius Muscaten her kan machen,
Sybil ein Kind von Stroh, Crispinus in den Rachen
Ein halbes Stübchen geußt, so leicht ein Gauckelsmann
Aus einem Bauren-Rock Ducaten schütteln kan,
So leichtlich als ein Held von etwa sechzehn Jahren
Mit einer rothen Mütz zu Hause kommt gefahren,
So leicht ein Mörselknecht, ein iunger Kräuter-Koch,
Mit einem Doctor kreucht aus einem Schorsteins-Loch,
So leichtlich als die Katz ein Mäußlein kan erwischen,
Thrasyllus aus der Luft ein Dutzend Lügen fischen,
So leichtlich als ein Ey ist in den Sack gebracht:
So leichtlich ist ein Schock Poeten weg gemacht.
Was Teuscherey ist das? Mag doch kein Schiffer heißen,
Der keinen Wind versteht. Wer keinen Fisch kan reißen
Der kan kein Koch nicht seyn. Wer keinen Pechdrat kennt,
Der mag mit Wahrheit ia kein Schuster seyn genennt.
O daß ihr mit dem Krantz auch plötzlich dabeneben,
Ihr Herren von der Pfaltz, Gelahrtheit köntet geben,
Ich hätt euch all mein Gut, ich hätt euch all mein Geld,
Ihr wüst noch nicht wie viel, vorlängst schon zugestellt.
Mag aber das nicht seyn, ist sonsten nichts zu fangen,
Als mit den Tituln nur und grossen Briefen prangen;
So taugt der Handel nicht. Man gibt in Zeit der Noth
Kein Speck und Fleisch davor, kein Butter oder Brodt.
Doch hievon mehr als gnug. Was soll ich aber machen,
Mit denen die so gern den Bettel-Sack belachen?
Wo ein Poete wohnt, da ist ein ledig Hauß,
Da hängt, spricht Güldengreif, ein armer Teufel aus.

Gedult, was will man thun? Man muß es zwar gestehen;
Wer zu den Reichthum eilt, muß anders was ersehen,
Als Versemacher Kunst? Wer plötzlich reich will seyn,
Der löß um wenig Geld gestohlne Waaren ein,
Der trage Zungen feil, bediene faule Sachen,
Doch daß er beyde Theil ihm kan zu Freunden machen,
Geb einen Schreiber-Knecht und suche sein Gewinn.
Was nicht ins Kästlein fällt, das fällt beneben hin.
Wer plötzlich reich will seyn, muß grosse Rente heben
Und zahlen wenig aus, das kan ihm Beute geben?
Bedient er Vormundschaft er muß auf sich auch sehn;
Und solten gleich hernach die Mündlein barfuß gehn.
Wem dieses nicht gefällt, der mag ein Kaufmann werden,
So lang es halten will mit Kutschen und mit Pferden
Zum Prunck sich lassen sehn, bald gar unsichtbar seyn
Und stellen mit Vertrag sich endlich wieder ein.
Ist daß nicht seines Thuns: So kan er Leder stehlen

Und lassen doppelt theur ihm für die Stiefeln zehlen.
Der Künste seyn so viel, als wie des Ufers Sand,
Dem Meister doppelt mehr, als mir, Gott lob! bekannt.
Nun aber ein Poet weiß nichts von solchen Sachen.
Es soll die gute Kunst auch keinen Schinder machen.
Sie dient zu guter Lust, sie dient zu guter Lehr,
Sie dient Verständigen und GOtt zu seiner Ehr.
Wer Brodt erwerben will und Mittel zu dem Leben,
Der muß auf anders was hauptsächlich sich begeben,
Das Küch und Keller füllt. Wer so die Sach angeht,
Der hat was er bedarf und bleibt doch ein Poet.
Nach abgelegter Pflicht so mag er sich ergötzen
Und einen guten Vers hin zu den andern setzen.
Der Wechsel machet oft, daß uns kein Werck verdreust,
Wo sonst die Dinten gern und ungezwungen fleust.
Kommt denn zu rechter Zeit ein guter Freund gegangen;
So läst er wol einmal ein kühles Trüncklein langen,

Sticht einen Pegel ab, versucht die Kalte-Schaal,
Ein halber Gülden macht ihm doch kein Capital.
Indem er also sizt, bedencket er mit Lachen,
Wie oft das große Gut den Reichen arm kan machen.
Je mehr dem Geitzigen trägt sein Vermögen ein,
Je mehr muß er bescharrt und wohl behungert seyn.
So oft er einmal trinckt, so muß er überschlagen,
Ob seine Zinse auch die Kosten mag ertragen.
Der Hauptstuhl ist sein Gott, den tastet er nicht an,
Greift lieber hinter sich, als nach der vollen Kann.
Hergegen mein Poet sagt, daß der Sonntags-Braten
Und sein Gerichtlein Fisch nicht übel mag gerathen,
Singt seinem lieben GOtt so freudig, als er mag,
Der weiter für ihn sorgt und für den andern Tag.
Zuweilen sitzet er, hält der Vernunft entgegen
Die Laster seiner Zeit, die irgend sich erregen,
Schont aller Menschen zwar, doch keiner Thorheit nicht.
Und ob sein Urtheil selbst ihm ins Gewissen spricht;
So schweigt er mit Gedult, beseufzt die bösen Thaten.
So kan die Wahrheit ihm zum höchsten Heil gerathen.
Ist dieser Eßig scharf; er ist dennoch gesund
Und beist das faule Fleisch heraus bis auf den Grund.
Gleichwie Machaon brennt und heilt mit klugen Händen;
So mag auch ein Poet zwar strafen, doch nicht schänden.
Und wer denn solchen Mann zu den Verläumdern schreibt,
Der wisse daß ihn selbst der Ertz-Verläumder treibt.
Es ist Poeten Werck mit fremden Namen spielen
Und also mit Gelimpf auf wahre Laster zielen.
Nimmt aber Jemand selbst sich solcher Laster an,
Wer ist in aller Welt der solches ändern kan?
Hat Jemand Codrus Art, der mag den Namen erben.
Wer Hirßen-Pfriemer heist, mag Hirßen-Pfriemer sterben.
Wenn beym Horatius also geschrieben steht:
Gorgon stinckt wie ein Bock, Rufin reucht nach Ziebet!

Da kan es gleiche viel dem guten Tichter gelten,
Wer will, mag sich Gorgon, wer will Ruffinus schelten.
Ein Frommer eifert nicht. Sein Hertz das spricht ihn loß.
Wer schuldig ist, der spricht und gibt sich selber bloß.
Wem sein Gewissen beist, mag seine Thorheit haßen.
Hab ich den Geck erzürnt; ich kan es noch nicht laßen.
Ich biete Recht und Trutz dem, der mir solches wehrt.

Wer Laster straft der hat die Tugend recht gelehrt!

ENDE.

www.ingramcontent.com/pod-product-compliance
Lightning Source LLC
Chambersburg PA
CBHW071229130726
47998CB00002B/892